2022 年甘肃省高等学校创新创业教育改革项目"基于专创融合的视觉传达设计课程教学改革研究"
2021 年兰州交通大学校级教改项目"基于'课程思政'教育模式的《广告创意》课程教学设计与实践"
2022 年兰州交通大学校级一流本科课程"广告创意与表达"

U0747429

文创产品
设计开发

卢菲　王晨　曹海艳　著

中国纺织出版社有限公司

内 容 提 要

本书以产品设计和公共艺术专业课程为基础，结合非物质文化遗产与当地特色文化设计课程教学目标及实施方案，探析文创产品设计开发的资源、创意思维、主题方向等。

本书理论与实践结合，适合产品设计专业师生、从业者参考阅读。

图书在版编目（CIP）数据

文创产品设计开发 / 卢菲，王晨，曹海艳著． -- 北京：中国纺织出版社有限公司，2023.4

ISBN 978-7-5229-0498-6

Ⅰ. ①文… Ⅱ. ①卢… ②王… ③曹… Ⅲ. ①文化产品－产品设计 ②文化产品－产品开发 Ⅳ. ① G124

中国国家版本馆 CIP 数据核字（2023）第 063016 号

责任编辑：亢莹莹　　责任校对：王花妮　　责任印制：王艳丽

中国纺织出版社有限公司出版发行
地址：北京市朝阳区百子湾东里 A407 号楼　邮政编码：100124
销售电话：010—67004422　传真：010—87155801
http://www.c-textilep.com
中国纺织出版社天猫旗舰店
官方微博 http://weibo.com/2119887771
三河市宏盛印务有限公司印刷　各地新华书店经销
2023 年 4 月第 1 版第 1 次印刷
开本：787×1092　1/16　印张：11.25
字数：215 千字　定价：69.80 元

P R E F A C E 前言

近年来，随着全球经济的飞速发展，我们置身于一个高度现代化、科技化、信息化的环境中，来自全球的新科技、新思想、新设计如潮水般疯狂涌入，导致我国本土民族文化被外来文化冲击与碰撞。这些新东西在让我们应接不暇的同时，更是强有力地冲击地我们本就还未形成具有独立特色的设计风格。

目前，中国处于全力稳健发展中，人们从过去走到现在，从用手提电话变为用全面玻璃屏的智能手机，从做菜只需要一把菜刀到现在厨房里琳琅满目的各式器具，从装修新房只要有白墙瓷砖就行到现在追求个性的家具风格。人们的衣、食、住、行及周边的一切都在各个领域、各个方面发生着改变。

这时的人们大多满足了生理上的物质需求，开始寻求更高层次的精神世界的丰富。人们对事物的认知开始有了改变，对事物开始有了审美的需求。这些都逐渐体现在人们购买商品时不再只需要简单功能型产品，而是更有趣味、更特别、更有文化气息的产品。这时，产品的价值特征正从"物质"向"精神"过渡。同时，我们被国外先进的生活和出行方式吸引，渐渐开始想要抛弃所有传统的东西，只留下从国外学来的新知识、新生活的方式。但没有了传统文化的中国是不完整的，即便学会了外表的神似，也仍旧是缺少灵魂的空壳。产品要在具有自身功能型价值的同时具有文化精神，这无疑是近几年设计师都在寻找的设计方向。

由于多种历史原因，中国的现代设计本就起步较晚，设计史尚短。在还没有形成一套中国独有的中式设计风格的情况下，便经受了全球开放的多种设计风格的冲击。恰而中国正在从"中国制造"转变为"中国创造"，这时亟须强有力的文化底蕴来支撑整个制造产业的转型。我们不缺厚重的文化底蕴，缺的只是如何在现代环境下将它合理地展示出来，将人文元素融入中国自己的设计中，唤起人们对传统文化精髓的了解，让我国灿烂的文化光辉融入人们的生活，好好地延续下去。本书以产品设计和公共艺术专业课程为基础，结合非物质文化遗产与当地特色文化设计课程教学目标及实施方案，从文创产品设计开发的资源、设计的创意思维、设计的主题方向等方面编写。结合当下国家鼓励大学生创新创业与传统文化传承创新的文化政策，不断改进教学方式与方法。本书紧随国家大力发展文创产业政策与当今文创市场发展热点，注重实践意义，与地方文化相结合，让本书在理论总结的基础上更具实践价值的体现。

　　本书由兰州交通大学卢菲、甘肃省博物馆王晨和兰州交通大学曹海艳共同撰写，卢菲负责编写第一章至第四章的内容，王晨负责编写第五章至第八章的内容，全书由卢菲、王晨和曹海艳共同统稿和审校。由于编写水平有限，书中疏漏之处恳请读者、专家指正，谢谢。

编者

2023 年 1 月

C O N T E N T S 目录

第一章　文创产品设计内涵

第一节　文创产品设计概述

一、文创产品的基本概念

（一）文化

文化（culture）源自拉丁文"cultura"，本义是通过垦荒种植或者通过人工就地耕种的一片土地，泛指社会中成员共享的经验与态度，以及相互指导其行为的信念、价值观、道德观、行为规范及表达符号。根据联合国教科文组织（UNESCO）对文化的具体定义分析可知，文化在本质上是一系列关于人类精神与物质的智慧，以及一系列关于社会或者其他社会群众或者团体的心理与情感等特征，除了美术与文学，文化的内涵还包含生活形态、人类共同的价值系统、传统与信仰。学者赵毅衡在著作《文化符号学》一书中提出"文化是一个社会中所有与社会生活相关的符号活动的总集合"。

美国人类学家克莱德·克拉克洪（Clyde Kluckhohn，1952）将文化分为显性和隐性两种状态。显性文化指在文化中具有符号特征的事物，具有表象的、形式的文化特征。克莱德·克拉克洪对显性、隐性文化的概念进行解释，显性文化存在于文字和事物发展规律中，被人们直接归纳而呈现，隐性文化是指具有文化内涵的价值观念。

杨裕富（1998）在其著作中阐述道，"文化"是指一种对各种社会人群日常生活的区分与理解。文化大致可以被划分为三个层次：形而上的文化层次（人的思考、活动与语言）、形而中的文化层次（人群的相处与交流互动的制度系统）、形而下的文化层次（人群在社会生活中所采用的器物与具体形式），三者相互指引辩证。

蔡孟珊（2006）认为，文化学习存在于文化商品设计之前，设计师首先需对其中文化的基本表征及其意义加以研究与调查，在实践中运用创新思维与设计技术，通过文化学习恰当地将新思想及设计技术表达到自己的商品上。通过对文化和文化内涵的解读，设计师把自己的感受和体验都投射到了自己的产品上，引发了消费者的情感共鸣，满足了消费者的心理和情绪需求。蔡孟珊系统地梳理了中国传统文化对商品的设计和转换发展过程，将其划分为三个阶段，分别为中国传统文化撷取、符号转换、商品设计。

（二）文创

文化创意产业的领域广泛，各国还未在其定义上达成共识。澳大利亚在 1994 年率先提出 Creative Nation 的定义构想，确定了本国文创向哪个方面与方向发展的战略，同时它也是首个对文创产业发展提供政策支持与保护的国家。英国于 1997 年在文创产业部门内设置专门的特别工作小组，并首次明确地将"创意产业"的概念当作一种国家级别的产业发展战略，文创产业在各国内部越发被关注起来。在这之后，2001 年，被誉为"创意产业之父"的约翰·霍金斯专门在其著作中表达观点，文化和创意的产业是应该被重点发展和保护的经济领域部门，因为对其保护在某种程度上来说，相当于保护本国的知识产权不被侵害，同时，也保护了以创意为表现形式的资本要素与工业生产的融合，即保护了我们无形的知识财富。因各方观点纷繁杂乱且大不相同，为了统一标准，联合国贸易和发展会议（以下简称"联合国贸发会议"，UNCTAD）在 2013 年发布《创意经济报告》一文，其中对文创产业及其产品的概念与划分清晰表达，文创产业包括文化和创意产业部门，其将创意和知识形式的资本完全融入部门的方方面面，包括相关产品从创意到制造到最终消费的产品循环流程。中国从实际国情出发，配合多方数据与成果，在 2006 年颁布了首个有关细分文创产业的公允标准——《北京市文化创意产业分类标准》，认为文创产业就是为了满足消费者体验价值与精神的需求，生产出来既包含文化又富有创意的产品。综上所述，文化创意产业是指在伴随知识文化沉淀的基础上，以艺术创造性思维为中心，生产产品及服务的部门，其中，产业核心特征是文化和创意。因而，文创产业的范围非常大，不仅包含了文化方面的教育以及内在创意的研发，而且与中国传统三大产业中的许多部门有并联交集的关系，汇集了劳动力、资本和技术要素等，拥有庞大的衍生效应和较多的生产链。

2007 年，联合国贸发会议综合界定了文化创意产业，并认为文化创意产业应该具备以下特征：第一，将创造力及智力成果融入商品和服务的创造、生产、分配过程的活动；第二，以文化知识为核心，通过艺术创作的形式体现，并孕育知识产权；第三，其有形或无形产品和成果，是内容创意和经济价值的结合体；第四，产业类别遍及三大产业和不同领域；第五，文化创意产业由文创产品和文创服务两部分构成。文化创意产业的分类具体见表 1-1。

表 1-1　文化创意产业的分类

文创产业	文创产品	文创服务
具体范围	工艺品 （Art crafts）	建筑
	视听媒体 （Audiovisuals）	广告
	设计 （Design）	
	新媒体 （New media）	文化娱乐
	表演艺术 （Performing arts）	创意研发 （R&D）
	出版 （Publishing）	数字等
	视觉艺术 （Visual arts）	

（三）文创产品

由上文可知，大相径庭的文创产业定义会衍生不同的文创产品定义，虽然各国的划分标准与名称不尽相同，但是其中包含的类别差别不大。《创意经济报告》（2010）提出文化创意产品的具体分类，该分类是在综合分析不同国家提出的文化创意产品的内涵和外延基础上得出的。其中，统计的数据大多来源于联合国贸发会议创意经济数据库。联合国贸发会议创意经济数据库是迄今为止，有关文化创意产品贸易的数据中最完备的数据库。文化创意产品类别见表 1-2。

表 1-2　文化创意产品类别

类别	子类别	产品
工艺品类 （Art crafts）	地毯	以动物毛、棉、植物纤维为材料编织的地毯
	庆祝用品	在各种节日，参加活动所使用的物品
	其他	蜡烛、鞍制毛皮、硝制毛皮、人造花朵、镶木的艺术品等
	纸制品	手写用纸
	藤制品	用藤条或柳条做成的垫子、篮子等编织品
	纱制品	花边、刺绣、床上用品等材料
视听媒体类 （Audiovisuals）	电影	胶片
设计类 （Design）	建筑方面	建筑设计的原始绘图
	时装方面	各种配饰太阳镜、头饰，除服装、鞋子
	玻璃材质	厨房的用具，水晶材质水杯
	室内设计	家具、桌布、壁纸、陶瓷、照明装置
	首饰	珍珠及其他贵重金属材质的首饰
	玩具	玩偶、轮式玩具、电动玩具车、游戏等
新媒体类 （New media）	数字录制	声音和影像的数字录制
	视频游戏	视频游戏
表演艺术类 （Performing arts）	音乐制品	录制 （DVD） 激光影碟、磁带
	音乐印刷品	印制或手稿音乐

类别	子类别	产品
出版类 （Publishing）	图书	书、词典、百科全书、说明书、传单、儿童绘画、彩印书等
	报刊	报纸、杂志
	其他出版物	地图、小册子、明信片、日历、广告材料等
视觉艺术类 （Visual arts）	古董	百年以上的古董
	绘画	绘画、手工蜡笔画、绘画的木框
	摄影	胶印感光板、已曝和显影的摄影胶卷和微缩胶片
	雕塑	小雕像、木制、瓷器、陶器、象牙或其他金属的装饰品等

二、文创产品的特点

1. 创新能力强

创新是文创产品的核心内涵。一件商品如果不具有创造力，那么它的发展空间和市场潜力将大大受限，如果在以创新为核心的文化和创意产品中没有创造力，那么市场将更加难以预测，创新是文创产业及其产品向前发展的强大内驱力。文创产品是汇集了新时代、新态势、新发展模式的成果，并且，在产业部门内逐渐形成了一条相对较完整地收集创意的产业链。在当今的消费者社会中，创新是创意产品的最大卖点，例如，充满幻想的《哈利·波特》（Harry Potter）为拥有奇思妙想的孩子们构建了一个虚构和梦幻的世界，它之所以赢得广泛赞誉和高票房，是因为它以一种独特的方式表达了孩子们的梦想。一部出色的电影《阿凡达》（Avatar）未能赢得奥斯卡奖的主要原因之一是该故事缺乏创新，尽管它以 3D 形式表达了梦幻般的世界，但最核心的故事情节并没有使观众眼前一亮。这就意味着，没有创新的文创产品，哪怕换了全新包装，在市场竞争中依旧处于劣势地位，最终丧失生命力。

2. 附加价值高

文创产品本身所蕴含的知识产权，使其具有高附加值。张京成（2007）认为："文创产品价值由自身价值和附加价值构成，一般产品的价值来自无形资本和有形资本，对于文创产品而言，无形资本更能决定其价值"。此外，文创产品的生产部门及产业位于价值链的上游顶端，因此毫无疑问地具有高附加值，文创产品是文化和技术相互融合与促进的成果，文化和技术增加值的比例明显高于劳动力和资本。例如，动画片《喜羊羊与灰太狼》使中国长期处于低迷状态的动漫产业迅速达到顶峰，其中羊和狼的形象在电影和电视行业中流行之后，迅速发展到服装业和娱乐业，市场上开始出现相关的人物形象玩具、剧情书籍、智能游戏等。

3. 科技含量高

文创产品的发展依赖于科技进步，同时科技发展的成果也在文创产品中得以体现。从文创产品的创作到最终被消费，先进的科技无处不在。例如，现在的"网瘾少年"不在少数，那么为什么游戏可以吸引越来越多的青少年呢？主要原因之一是游戏的制作，无论是动画、特效还是服装、角色表达，都逐渐符合消费者的审美标准，更接近现实生活，这得益于强大的数字技术。作为这方面的代表，《诛仙》不仅包括流行小说中的故事情节，而且利用计算机特效制作漂亮的人物和大型的战斗场面，这些计算机特效的使用为赢得更多游戏用户奠定了基础，从某种角度看，现代科学技术的飞速发展为文化创意产业的发展提供了强大的支柱。

4. 知识外溢效应

文创产品在从制造到消费的过程中很容易被复制和剽窃，因此，知识溢出效应在这类产品中极为显著。研发产品的成本以及投入非常高，但是极低的复制成本却成为其最大的弱点。以服装为例，一旦大品牌的服装款式问世，许多相似的款式就会出现在市场上。这种现象在古董书画市场上更为普遍，书法和绘画的临摹不计其数，模仿的版本甚至比正版还多，包括大量的赝品古董。在这种情况下，创意产品的溢出会以模仿的形式一一反映出来，这也表明，文创产品的生产与流通必须有知识产权法律的保驾护航，因为知识的溢出是难以避免的事实，寻求法律形式解决相关问题会非常有效。

5. 风险性高

文化和创意产品具有很高的风险，主要表现在以下方面：第一，消费者判断标准的主观性风险。理解文创产品的内在价值需要一个过程，现在，不仅创意生产者根据自己的主要价值创造产品，而且消费者也根据自己的主观感受判断文化创意产品的质量，因为过于主观，所以难以把控。第二，对于文创产品需求的不确定风险。经济学家凯恩斯认为，基本需求与刚性需求同向增长，需求越高端且先进，就越是软需求。文创产品不同于传统产品，它更加重视满足消费者的精神需求。精神需求会时刻变动且每个人都不一样，因此，这种产品的市场难以预测，其需求也不确定。

6. 差异性文化

创意产品本身最大的魅力在于它的独特性，个体间的差异显著。厉无畏认为，"文创产品不同于普通产品，创意是活力、动力乃至生命力，但创意来源于个人的思维创造能力、技能和才华，这导致了创意产品的独特形状和质量，所以客观上讲，它们难以进行比较"。因为文创产品汇聚了更多的文化艺术特色，所以，在风格、语气、艺术等方面必然会存在差别且多种多样。由于每个人具有不同的主观思想，对同一件产品也会有不同的认知，在这个追求独特的时代，文创产品在设计、艺术风格上的差异性更加明显。

三、文创产品的价值

文创产品设计要求运用现代思维与表现形式，依托工业化生产方式和高科技手段为人们提供生活中需要的产品或服务，承担着满足人的物质需求和精神需求的任务，因此要求文创产品走进人们的生活，成为具有经济价值的商品。此外，根据文创产品的定义和分类可知，文创产品的任务是通过物质载体表达文化内涵，其直接目的是将文化内涵附加给产品，根本目的是保证产品在使用过程中可以和人进行文化层面的交流，所以还具有文化价值。

（一）经济价值

作为商品，文创产品的经济价值是其存在的必要条件，经济价值的实现是文化价值实现的基础。此外，文创产品作为商品，处于社会经济发展的基础环节，有可能对整体经济环境引发蝴蝶效应。对文创产品的经济价值可以理解为以下三点：

1. 文创产品的经济价值上限由无形成本决定

商品的价值由有形资本和无形资本两部分构成，其中，有形资本决定了产品的硬件质量，是产品价值的基础成本，而无形资本将创造产品的附加价值，这决定了产品价值的高度。以众所周知的品牌效应为例，同样的材料制作的产品，具有品牌包装的一款售价更高，获得的经济效益更高，具有的经济价值也更高。同理，根据文创产品的定义与商品的价值构成方式可知，构成文创产品经济价值下限的是其有形资本，而构成其经济价值上限的是无形资本，文创产品的无形资本是确定唯一的，即文化内涵。需要注意的是，文化具有可复制性、非竞争性和非排他性特征，所以文化作为无形资本，并不会因为其无形而降低产品的实际投入，反而将造成文创产品的成本高于同类普通产品。

2. 产品质量由物质载体的质量和文化创意内容的质量共同组成

普通产品的质量由其物质载体决定，而文创产品的文化内涵表达是产品的核心功能，文创产品与普通产品相比，增加了文化内涵的表达，表达的质量决定了附加价值的高低。所以，在衡量文创产品质量的时候，必须和载体质量同步考察，两者统统组成了文创产品的质量，其中物质载体的质量的衡量方式已经非常成熟，消费者和市场经过验证可以区分质量的优劣，但是文创产品内容质量的衡量标准比较模糊。虽然评价标准体系尚未成熟，需要进一步探讨和研究，但是消费者和市场对文化创意内容的质量的要求一直存在。

3. 文创产品的市场需求弹性较大

文创产品既是实体产品，又是精神产品，作为实体产品需要提供实用功能，满足人的需求的基本层次；作为精神产品要提供美学功能、社会功能、环境功能，满足人对高级层次的需求。根据马斯洛需求层次理论，高级需求和基础需求是递进关系，高级需求必须建立在基础需求被满足的基础上，同理可知，文创产品在基础需求满足的情况下才会被需要。纵观世界文化创意产业发展史，最先寻求文化创意产业发展的国家均需要达到一定的经济条件，主要有两方面的原因，一是经济基础满足是文创产品市场发展的必要条件，只有在经济环境良好的大前提下，基础需求得到满足，消费者才会追求高级需求，对精神产品产生渴望，文创产品的市场才会得到发展；二是文创产品市场能为经济结构转型做出贡献，根据经济发展的规律，当国家完成工业化后，将开始向服务业、高附加值的制造业转变，原本的粗加工工业、重工业生产将向低成本的发展中国家转移，这个过程将创造高附加价值的产品，文创产品就是其中之一。经济学中将对供求相对于价格变动的反应程度进行定量分析的方法称为弹性，文创产品市场的变化与消费群体的经济能力密切相连，作为高级需求层次的产物，文创产品的市场需求弹性较大。

（二）文化价值

作为文化衍生品，文创产品的文化价值体现在文化对产品的作用和产品对文化的影响这两方面，具体可以分为以下三点：

1. 文化赋予文创产品竞争力和生命力

文创产品和普通产品不同，在实现基础功能的基础上，必须能够引发人们的情感思考，无论在闲置状态下还是在使用过程中，都能够和人进行情感交流，尤其是闲置状态。大部分产品在设计过程中更重视产品的使用状态是否能够达到预期，而忽略了产品在闲置状态时也是生活环境的组成部分。产品需要进行人机交互，也需要和环境进行交互，这两种交互都需要以产品的形态为基础，所以文创产品的形态设计显得尤为重要。形态决定了外观，也服务于使用，而文化内涵决定文创产品的形态，形态将直接影响文创产品的竞争力，而竞争力决定了产品的生命力，因此可以说，文化内涵赋予了文创产品生命力。此外，文化种类繁多、意义丰富，其抽象性决定了同一种文化可以衍生出多种文创产品形态，使其能够不断发展更新，并在传播中增加自己的附加值，这样就增强了文创产品的竞争力和生命力。

2. 文创产品能够催化文化整合，推动文化进化

所谓文化整合，是指不同文化相互吸收、融化、调和而趋于一体化的过程，这也是文化进化的必要步骤。文化整合受到环境变化、社会变革、人口或民族迁移、文化自身影响力和时间等因素的限制，是一个漫长的过程，而文创产品在这一过程中起到了催化剂的作用。文化可以随着文创产品的使用和传播打破地域和种族的限制，加快融合的速

度，扩大整合的范围。此外，根据生活习惯、教育程度和社会环境等差异，人们对表现文化的物质形态有不同的要求和倾向，这将促进文创产品的形态创新和产品类型拓展，也将推动文化整合的步伐。

3. 文创产品由文化衍生而来，同时也朝着进化为文化的方向而去

器物文化的形成并不是依靠单独某个器物的形象，而是源于为了创造出这个器物形象所凝结的一代又一代造物者的智慧与技艺，在器物的衍生过程逐渐形成了器物文化。工业设计的诞生和发展也秉承了这一理念，造物是为了用物，造物与用物产生器物的价值和器物的文化。同理，文创产品设计的目的是通过融入文化内涵的产品或服务来解决人生活中已知或即将产生的问题，并且为未来生活提供更多的可能性，因此，文创产品设计是器物文化的生产方式之一，也是将隐性文化显性化的方式之一。任何类型的文化都可以有对应的物质形态进行表达，文创产品开发的初衷就是创造器物文化的同时，表达制度文化、行为文化和心态文化等隐性文化，所以文创产品表达文化的同时也参与了文化的发展，朝着进化为文化的方向而去。

第二节　文创产品设计的分类

在进行文创产品设计的过程中，不同层次和深度的文化在一定程度上决定了文创产品的种类和设计方向。如果不能根据文化的内涵和深度选择恰当的产品种类完成文创产品设计，那么不仅不利于文化传播，反而容易引发矛盾和误解。联合国贸发会议曾以文化创意产业所涵盖的内容对文化产品进行分类，它将所有文化创意产业所产生的物质产品或精神产品统称为文创产品。但是，文创产品也是工业设计的产物，所以也可以从工业设计的角度进行分类。现阶段，我国学者从工业设计、经济产业链、艺术表达方式等角度对文创产品进行分类的依据如表1-3所示。

表1-3　文创产品分类

学者	分类依据	分类
郝凝辉	文创产品仍然属于工业设计的范畴，以工业设计的产品特征进行分类	艺术衍生品、动漫电影衍生品、旅游纪念品、博物馆产品、特定主题纪念产品、传统符号文化产品
周琳琅	从工业设计的角度进行界定和分类。考虑设计的三个层次，即感官层、技艺层和内涵层，融入文化后进行文创产品的分类	感官层文创产品、技艺层文创产品、内涵层文创产品

学者	分类依据	分类
颜曦	文创产品包括有形的物品和无形的服务，因此按照产品的文化元素和性质分类	原生态文创产品、手工艺文创产品、工业化文创产品、地方性文创产品、艺术衍生文创产品
姚林青、卢国华	以外部约束条件为前提，根据文创产品表现出的不同经济性质进行分类	公共产品型、公共资源型、私人产品型、自然垄断型
张钟灵	考虑产业链的上、下游关系及产品的创新程度，以外延的实现形式进行区分	核心产品（新闻、出版、报业等）、外围产品（音像、娱乐、旅游等）、延伸产品（园林绿化、会展、工艺品等）
马亚杰	根据纽约现代博物馆、大英博物馆和台北故宫博物院三座博物馆的线上商店对在售文创产品的分类方式，考虑消费者的角度，结合学者的理论研究	出版物类、典藏复仿品类、创意纪念品类、民间工艺品四大类

结合以上分类方式，可以从两个方面对文创产品进行分类：基于文化层次的分类和基于文化创意产业的分类。

（一）基于文化层次的分类

美国人类学家克莱德·克拉克洪根据有无事实形态将文化区分为显形文化和隐形文化。具有物态的显形文化，它的实际形态可以直接被人感知到，是器物文化的体现；只体现价值观念的意识形态内容的隐形文化，在文化结构中处于更深层次，具有抽象性、引导性特征，能够引发人的情感共鸣，容易达到精神思想上的统一，主要包含行为文化、制度文化和心态文化。本文以文创产品设计为研究重点，将显形文化与隐形文化以有无物质形态为标准，更明确地分为以下两大类：

1. 器物文化文创产品

由器物文化衍生的文创产品。将体现器物文化的物质形态的整体或部分作为文化元素符号提取出来，进行具有创新价值的应用或重组，设计出服务于当代生活的工业产品。图1-1为陕西历史博物馆根据汉代文物鎏金铜蚕设计的金属书签，将鎏金铜蚕的形态外观平面化作为书签的同时，增加了桑叶的造型作为创新，让文创产品本身不仅保留鎏金铜蚕原物的美感，还加入了生动的场景，使产品形态更加完

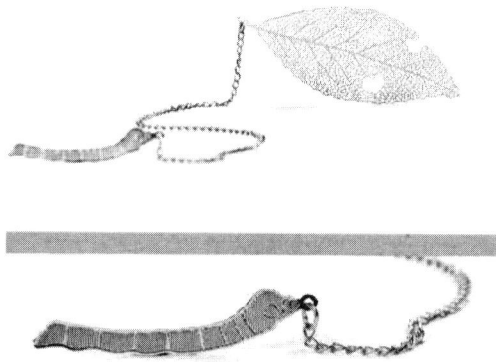

图1-1 鎏金铜蚕书签

整，传达出的语义更加轻松活泼。

2. 观念文化文创产品

由制度文化、行为文化和心态文化中的一种或几种衍生出的文创产品。文化在继承和进化的过程中不仅被提炼为更抽象的概念，而且会根据文化的特征衍生出符号性的物质形态，有些物质形态甚至同时可以表达多种观念文化。以此为依据进行的文创产品设计既需要完成对显形文化的表达，也需要保证其所代表的隐形文化不会流失。以传统文化中的百家姓为例，姓氏文化以文字的形式传承下来，甘肃省博物馆把文字的形态合理地应用于文创产品设计的同时，将隐形文化融入其中，将两者融合于印章这种物质载体中，设计成百家姓印章，将姓氏文化的符号性更加形象具体地传达出来（图1-2）。根据文创产品的分类，研究文创产品设计时对文化的分析主要从器物文化和观念文化这两方面进行。

图 1-2　甘肃省博物院百家姓印章

（二）基于文化创意产业的分类

根据《国民经济行业分类》中的内容，我国在文化创意产业分类标准中将文化创意产业分为九大类别：文化艺术，新闻出版，广播、电视、电影，软件、网络及计算机服务，广告会展，艺术品交易，设计服务，旅游、休闲娱乐，其他辅助服务。每一个行业都由产品作为基础承载者，将文创产品进行分类，具体包括以下四类：

1. 文化艺术文创产品

以器物文化、行为文化或能体现制度文化和心态文化的文化艺术为设计出发点，强调符号性、艺术性和美观性。

2. 娱乐 IP 文创产品

根据各种娱乐形式中产生的 IP 形象进行文创产品设计，分为迎合流行的爆款产品和用于收藏的藏品。

3. 纪念性文创产品

与文化类型无关，但需要提取文化的特征。文创产品设计需要将纪念价值摆在首位，一般强调文化特征进行原汁原味的表达，创新性主要体现在标志性文化元素的新应用和新理解等方面。

4.博物馆文创产品

（1）博物馆文创产品的定义

文创产品即文化创意产品，是指利用文化艺术品的文化元素、人文精神、美学特征，对原文化艺术品的重构和解读，通过设计师自身对文化内涵的理解，将原文化艺术品的文化元素与现代产品相结合，形成一种全新的文化创意产品。

在博物馆商店中所销售的与该馆藏品以及该馆文化特性有关的产品被统称为文化产品。它是博物馆营销的重要组成部分，利用博物馆相关的文化信息、历史背景，传递独特的地方特色、文化内涵以及艺术品位。

曾经，博物馆商店所销售的文化产品被分为纪念品、出版品和典藏品三类。随着文创产业的蓬勃发展，博物馆商品类目不断丰富，当代博物馆文化产品被分为艺术衍生纪念品、出版品、典藏复制品以及博物馆配合展览所开发的限量精选产品四类。博物馆文创产品属于艺术衍生品，主要是以博物馆内的展示、特色、典藏文物等为基础，加上现代生活中的流行元素、生活美学、创意设计等，所开发的博物馆纪念品通常具有实用性。如今，博物馆文创产品已经成为世界各地博物馆文化产品的热潮主角。

博物馆藏品凝聚着人类从古至今的文化结晶，具有极高的艺术、教育、科学、文化、历史价值，是属于全人类的文化遗产。随着时代的变迁，历史的结晶变得怕热、惧光、脆弱，最后被严加保护，存于博物馆内只能用于展示。而博物馆文创产品的产生，改变了博物馆藏品脆弱的物质形态，将博物馆文化元素创新、提炼、注入丰富多彩的现代物质形态上，赋予原藏品全新的时代精神、实用功能和广泛的教育价值，价格也变得更加亲民，让高高在上的"小众文化艺术"变成对社会影响力更大的"大众文创产品"。

目前，博物馆文创产品已相当多元化，从商品的种类来看，包括生活用品、文具、服饰、装饰品、玩具以及其他等，可以说种类繁多、琳琅满目（表1-4）。

表1-4　博物馆文创产品种类

商品种类	实例
生活用品	吊饰、钥匙圈、名片夹、储物盒、手机壳、手提袋、书包、雨伞、手表等
文具	文件夹、贴纸、胶带、笔、笔盒、明信片、笔记本等
服饰	上衣、帽子、外套、T恤、手环、首饰等
3C产品	鼠标垫、鼠标、U盘、光碟收纳盒等
餐具	马克杯、碗盘、环保餐具、咖啡杯组、茶具等
装饰品	相框、花瓶、风铃、摆件等
玩具	玩偶、益智玩具、幼儿玩具、棋类等
其他	食品、沐浴用品等

（2）博物馆文创产品的特点

①独特性。每个博物馆所蕴含的历史文化内涵和主题都具有独特性，这就决定了博物馆文创产品的独特性和原创性。以北京地区为例，北京的博物馆种类各异，有百余家之多。从著名的中国国家博物馆、北京故宫博物院到北京民俗博物馆、老舍纪念馆等各类小型博物馆，由于各馆的文化特色和文化底蕴不同，所以根据不同博物馆开发的文创产品也各有春秋，应该具有明显的独特性和差异性，如果直接将其他博物馆开发的文创产品拿来销售，显然不符合博物馆应有的文化主题。因此，为了使消费者在博物馆商店内与博物馆产生共鸣，博物馆就只能销售具有本馆独特性特征的文创产品。

②创意性。过去博物馆所开发的典藏复制品，在当代社会已经不能完全满足消费者的需求。在鼠标垫、书签的现代产品形态上，印刷不同博物馆藏品图案的这种简单做法，也让博物馆文创产品失去了原藏品应有的意义和美感，对消费者也会逐渐失去吸引力。因此，在新时代条件下产生的博物馆文创产品，应加大在产品创意上的开发力度，不仅在功能、外形上进行创意设计，也需要利用现代化的设计思维与其他设计领域达成跨行业的合作，如拼平面设计、多媒体设计、时尚设计等，将产品的种类、销售渠道、促销方式无限扩展。

③纪念性。进入博物馆商店的消费者很大一部分是外地游客，尤其像西安兵马俑博物馆、北京故宫博物院等，它们是身处旅游景区和名胜古迹或旅游景点中的博物馆，其游客所占比例将会更高。因此，很多消费者在参观完博物馆后，希望可以购买到具有当地博物馆纪念意义的产品带回家，作为给自己的旅游纪念或当作送给亲朋好友的礼物。例如，台北故宫博物院由"翠玉白菜"这一藏品开发出来的系列文创产品，已经成为游客们参观完台北故宫博物院后，所购买的最受欢迎的系列产品之一。因此，纪念性也是博物馆文创产品所具备的重要特征之一。

④文化性。由于博物馆文化是博物馆文创产品的设计基础，每一件藏品都有其特定的文化意蕴和内涵，因为藏品所包含的文化元素是普通产品所不具备的，所以根据藏品设计出的文创产品也应包含藏品背后独特的故事、文化内涵，以及象征意义，使设计出来的文创产品具有符合该博物馆特征的文化性。例如，台北故宫博物院中被人熟知的明星藏品"翠玉白菜"，当消费者看到它时就可以回想起光绪皇帝和瑾妃之间的典故。为了辅助博物馆文化的传播，承担其社会教育的责任，文化性是博物馆文创产品必须具备的属性。

⑤地域性。我国历史悠久，是世界四大文明古国之一，不同地域表现出不同的文化特征。随着历史的变迁，如今的城市同质化现象极其严重，因此，不同的地域特征便成为城市最为独特之处。例如，湖北省的楚国文化是它最为明显的地域特征，要求设计师

在进行文创产品设计时，除了关注博物馆的文化性和独特性，更要把当地的地域性考虑到设计过程中。

第三节　国内外文化创意产业的发展概述

一、文化创意产业研究的概念界定

（一）文化创意产业

1.文化创意产业的概念

从字面理解，文化创意产业即以文化为核心，以创意、创新为根本的创作、生产、传播、展示文化衍生品和展示文化类型服务的新产业。随着时代潮流发展，文创艺术悄然兴起，依靠创造人的智慧、技能、天赋，借助现代科学技术手段对文化相关资源进行整合，对文化用品进行二次创新改造。

传统文化产业主要聚焦于提供文化产品，利用设施设备加工扩大其销售范围，以及提供人们精神层面的娱乐服务、文化活动等。1972年联合国教科文组织的会议上，"文化产业"概念被正式采用，在当时的社会发展大背景下，设置了工业社会按照既定的标准和目标，对文化衍生品进行加工复制化生产，从存储到销售以及最后的分配环节，对全社会提供专业的文化产品和服务等一系列环节。

英国学者率先提及创意产业这一概念，英国政府为此专门探讨了英国创意产业路径发展。该项创新思路源于当时在英国大选后的一年时间，工党政府参与执政，新首相布莱尔非常重视创意产业的规划发展，专门组成了特别专项工作组，希望能快速推进其产业的壮大与升级，并不断拓展和延伸创意的概念，认识到人类独有的思维模式、创新点才是新经济发展的关键所在，如何对创新思想进行保护、如何对专利等知识产权进行维护才是至关重要的问题。

我国学者孙丽文、任相伟认为，文化创意产业是一种将文化或者有文化因素的自然和人文资源通过现代技术和创意进行商业化运作的产业集合。文化创意产业具有高增长、高附加值的知识型绿色产业的特征。另一位学者郑凯也提出类似的观点，他认为文化创意产业既包括文化产业的范畴，也包括创意产业的创意性这一本质特征，即文化创意产业是文化产业的创新延伸，文化创意产业是现代文化产业的高端和前沿，以创新思想和先进技术融入文化之中。

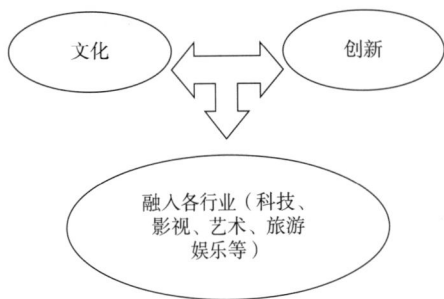

图 1-3　文化创意产业概念示意图

总体来看，国内外学者对文化产业、创意产业的表述略有不同，但内涵本质相通。文化与创意产业的出现是传统文化与现代科学技术研发相结合的产物，是文化的创新方向和延伸发展，围绕文化、艺术，赋予其创意、创新，培育出的新型文化业态、新产业（图 1-3）。

2. 文化创意产业的分类

文化创意产业受各国历史背景、文化差异等因素影响而有不同的侧重与表述。"创意产业"是在英国最早被提出并且发展起来的，因此称为"创意产业"；美国则高度重视知识版权的保护，称为"版权内容产业"；日本是动漫文化输出大国，称为"动漫产业"；在我国，统称为"文化创意产业"，简称"文创产业"（表 1-5）。

表 1-5　文化创意产业的主要分类及重点领域

国家或组织	主要分类	重点领域
联合国	文化遗产、环境和自然、游戏体育、媒体音频与视听、艺术演出、文献文学作品、音乐剧目、印刷与出版等	非物质文化遗产项目
中国	新闻出版发行服务、广播电视电影服务、文化艺术服务、文化信息传输服务、文化创意和设计服务、文化休闲娱乐服务、工艺美术品生产、文化产品生产的辅助生产、文化用品的生产、文化专用设备的生产等	重点打造文化创意产业园、文旅、衍生品等
英国	创意产业指广告、建筑、艺术和古董市场、手工艺、设计、时尚设计、电影、互动休闲软件、音乐、电视和广播、表演艺术、出版和软件13个部门工具	电视节目、时尚设计
美国	表演艺术、博物展览、文化作品、影视广播、图书发行、音乐唱片等	影视业
日本	电影、电视节目、艺术影像、音乐发行、书籍出版等	动漫

随着互联网经济的发展，文化创意产业新增了网络文化这一大类别。"互联网+""移动端+"、大数据、云服务、人工智能等高新科技或者"黑科技"已渗透到文化创意产业中，包括网络小说、网络游戏、网络直播等。

随着 5G、区块链等技术革新和应用，音乐、影视、出版、衍生品都在朝着数字化、直播化、虚拟化方向转型，并以 IP 为核心竞争。

在 5G 时代，知识版权会更加细分，比如音乐平台再也不用为了一首冷门歌曲支付大笔版权费，而是可以购买即时的单次版权。知识版权有更加公平合理的利益分配，向用户推送更精准的内容，尤其在影视产业链上，越来越多的制片商将影片放上网络，流媒体变得一枝独秀。

3. 文化创意产业的特点

文化创意产业内容的创意性是唯一的、核心的特征，主要是靠创意阶层的高文化、高技术、高管理，通过"无中生有"和"有中生新"的创造力，把创意变为产品或服务，如电视节目的衍生品、城市形象创意品、文化旅游项目等，与许多传统产业相融合，跨界营销，扩展为文化创意产业。文化创意产业有着鲜明的意识形态和产业双重属性。其不仅是经济产业，更承载着精神文化，是当今世界"软实力"的具体表现方式。文化创意产业具有较强融合性、较高附加值的特征。文化的包容性与创新的唯一性，使文化创意产业已在各行各业遍地开花，比如"文化＋产品""文化＋艺术""文化＋旅游"等项目已融合跨界发展，其中科技与文化的附加值明显高于其他产业机制。

（二）政策工具

从字面理解，政策工具是为了达成政府所制定的政策目标而选用的方法。国内学者大多认为政策工具必须在政策实施环境中发挥作用，通过有组织的努力，让实施者和行为者之间产生互动，而具体的政策工具不仅是政府所产生或者将要产生的具体可见的行为，更是一种控制其行动的制度总和。具有代表性的是国内学者陈振明在《公共政策分析》中指出，政策工具是人们为解决某一社会问题或达成一定的政策目标而采取的具体手段，政策工具又称为治理工具，它是指政府将其实质目标转化为具体的行动路途和机制，是政府治理的核心和方式。

政策工具也是政府用于治理国家的工具之一，其核心是政府为了管理整个体系以及不断完善和提升政策流程的治理办法。政策工具的运用让政府部门的内部体系从复杂逐步向简单过渡，内部流程也随之合规、合法、合理。政策工具理论更加推动了政策制定的文化创意产业政策落地实行，不再处于与市场实际发展脱轨的现状，各大企业能更好地执行，改善了政府、市场、企业三者脱节、无沟通的坏局面，不断加强与市场各主体之间的联动和协作。在分析、对比的前提下，如何选择合适的政策工具来达到产业政策的各项目标，是重点关注的问题。所以这对政府部门来说是非常严峻的考验，需要制定政策的主体以及选择政策工具的单位首先考虑市场的发展，且是可持续发展目标，才能结合即将出台的政策去分析决策，做到理论与实践相结合，尊重客观规律，制定适时的政策目标方针，这样才能发挥最优的能量与作用。政府部门不断熟悉了解各类政策工具的作用，在此基础上，最重要的话题就是如何选择所需要的且最适合的一种或者多种政策工具，选择不当会直接影响产业政策的实施开展，因此政策工具的选择原理、选择标准、选择依据是至关重要的。因为政策工具选择并运用的本质是帮助政府部门有序推进各项产业政策，解决现有的产业问题，最终达到既定的目标，实现治理的结果，因此政府部门选择政策工具的依据在于如何能让政策工具运用到产业政策上，最终政策条款能最大化发挥作用，提高效率。从政策工具的本质概念来看，选择最优的工具，达到政府最大的目标点，才是选择的基本原则，即效率第一原则、公开透明原则、可持续原则。

（三）公共政策

公共政策是国家和人民政府在历史发展的各个阶段制定出符合当下社会发展的规范准则，公共政策的目标是为了达到社会发展或某一领域的特定指标，是基于大环境发展或者说是代表社会大众最普遍利益的措施，而非仅仅针对小部分领域或者团队建设，因此公共政策具有普遍、公平、公正等特点。

公共政策在制定过程中，有正向和反向两种作用，其一，对社会发展起着积极推动作用，反映出政府制定了符合市场、企业、消费者需求的具体规范，有着正向作用。其二，公共政策亦会出现负面作用，如政府在制定政策过程中未兼顾市场发展规律，盲目制定，则会扰乱市场发展，对整个社会发展起着阻碍作用。

公共政策从制定者层面来看由国家总政策方针，到省级政策方针，再到地方实行的详细的政策指导方针，各个地方政府紧紧围绕国家总政策方针开展适合本地发展的战略规划。从社会领域发展来看，公共政策细分为各个行业、各个领域、各个生态圈不同的政策发展战略，政府主管部门分门别类，针对社会各行各业发展为其量身定制具体的政策细则。公共政策的合理制定及具体执行关乎着整个产业的良好健康发展。

（四）文化创意产业政策

文化创意产业政策是政府为其发展量身定制的公共政策，重点是在某一阶段针对文化创意产业的发展现状而采取具体法规、计划等举措。蒋园园、杨秀云、李敏三位学者表明，产业政策可以更接近文化，让传统文化逐步过渡到现代创新理念上来，对传统文化要加大保护力度，不断促进民族文化的发展，以及提升个人工作生活中的文化含量。文化创意产业政策的落地与政策工具选用息息相关，政策工具如何选用与融合是影响产业政策发展的前提和关键因素。

二、我国文化创意产业的发展概述

（一）文化创意产业规模不断扩大

为了更加直观地了解我国文化创意产业的发展，绘制了2004—2020年文化创意产业相关趋势图（图1-4）。

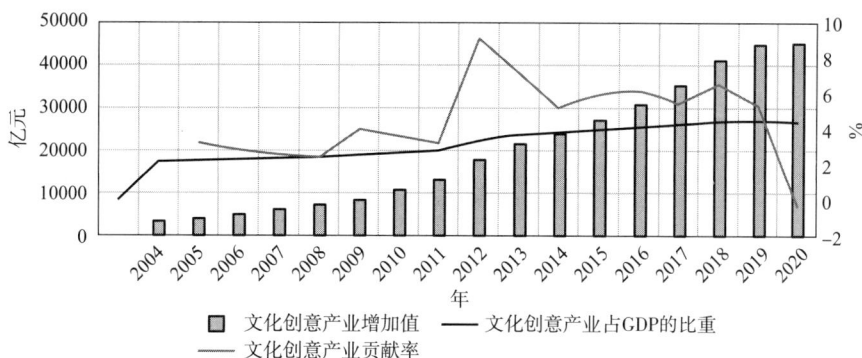

图 1-4 2004—2020 年全国文化创意产业趋势

从图 1-4 中可以清楚地看出我国文化创意产业规模不断扩大，其增加值占 GDP 的比重在 2014—2019 年是逐年上升的，2020 年占比稍有下降。文化创意产业对 GDP 的贡献率（文化创意产业增加值增量 / 国内生产总值增量）呈现波动趋势，尤其在 2012 年、2013 年，贡献率偏高，但综合来看呈现上升趋势。从 2005 年开始，文化创意产业对国内生产总值的贡献率为 3.19%，2019 年贡献率为 5.37%，其间，2012 年的贡献率达到 2005—2019 年的峰值，为 9.07%，由于 2020 年疫情原因极为特殊，所以主要探讨 2019 年及以前产业发展情况。从世界各国的实践来看，只要产业增加值占 GDP 的比重在 5% 以上，那么这个行业就具有发展优势产业的能力。从 2012 年开始，文化创意产业的贡献率一直在 5% 以上，这说明文化创意产业已经具备未来发展成为主导型产业的条件。

综上所述，文化创意产业在我国发展良好，具有巨大的潜力，能够成为新的经济增长点，特别是在当今社会，愈加重视文化自信，文化创意产业发展更值得关注。

（二）文化创意产业不断集聚

我国从 20 世纪 90 年代开始建设文化创意产业园，到 2002 年底，只有 48 个园区建成。从 2005 年至今，我国的文化创意园发展迅猛，规模不断扩大，显示出了国家对文化创意产业发展的高度关注，短期内形成了一定的市场竞争力和集聚性。统计数据表明，中国的文化创意产业园在 2015—2018 年稳定增长，持续发展，由 2506 个增至 2599 个，其中国家级基地园区有 350 多个。在中国的区域布局上，中国文化创意产业园区具有显著的区域聚集性特征。目前，我国已形成长三角、环渤海、珠三角、滨海、川陕、中部六大产业集聚区。

（三）产业区域发展不均衡

将全国分为三个地区，即东部地区 11 个、中部地区 8 个、西部地区 12 个。根据现有最近 5 年的数据，以东部地区、中部地区、西部地区划分，如图 1-5 所示，文化创意产业区域发展不平衡还是很明显的。就文化创意产业而言，东部地区发展得更好，西部地区发展得最差。因为图 1-5 更多涵盖的是地区文化创意产业增加值之和，不那么客观，因此对和取均值得到图 1-6，更为客观清楚地展现出文化创意产业发展情况。同时，由于 2020 年特殊原因，故以 2019 年数据为例，文化创意产业增加值排名前五的省市分别是广东、江苏、浙江、北京、山东，广东尤为突出，有 6227 亿元的增加值，是文化创意产业增加值最少的青海的 100 倍。文化创意产业发展大多伴随省市经济的发展，文化创意产业发展好的省市经济一般排名靠前，而文化创意产业发展相对比较落后的省市经济发展也欠佳，从这一点，我们可以简要地推断出文化创意产业对经济发展是存在一定影响的。

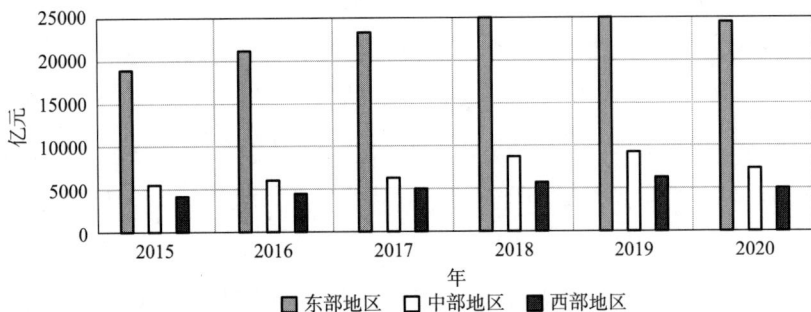

图 1-5　2015—2020 年各地区文化创意产业增加值

由图 1-6 可以发现，各地区的文化创意产业增加值相差比较明显，东部地区发展得最好，中部地区发展其次，西部地区发展得最差。东部地区所含省市较多，因此采用均值的方法比较各地区数据，相对更能直观地反映出产业发展情况。综合来看，东部地区文化创意产业均值最大，反映出东部地区产业发展很好；中部地区均值不足东部地区的一半，反映出中部地区文化创意产业发展有待加强；西部地区均值最小，不足东部地区的 1/4 倍，可见东部地区文化创意产业目前来说是发展最好的，从产业聚集度也可以发现文化创意产业园区多数集中在东部地区，因此东部地区的产业发展具有溢出效应和规模效应，中部地区与西部地区的发展有待加强。

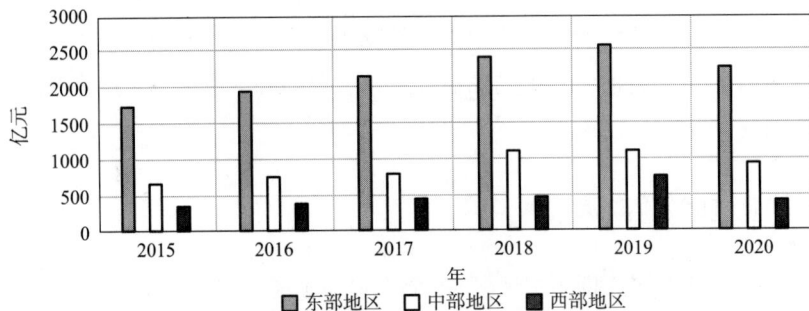

图 1-6　2015—2020 年各地区文化创意产业增加值均值

三、文化创意产业研究的理论基础

（一）政策工具理论

1985 年学者罗斯韦尔提出创新政策工具按照供给、需求、环境三方面来分类，可以具体划分为公共营销事业、教育事业以及训练等共计十二类，政策工具是为了达到既定目的而影响政策过程的手段，大部分可以产生积极效应。政府使用政策工具推动技术创新升级，并且该手段可以应用于创新活动不同的阶段。

国内对于该政策工具分类方法运用广泛，大部分研究者在研究不同领域的政策时都运用到该分类方法。供给型政策工具主要是为政府直接提供财政补贴和信息资源等来刺激创新。需求型政策工具体现在利用贸易管制、海外机构管理等方式稳定交易市场，并积极寻求开拓新市场，起着拉动产业发展的作用。环境型政策工具是间接性的引导，体现在对产业发展环境的影响（图 1-7）。

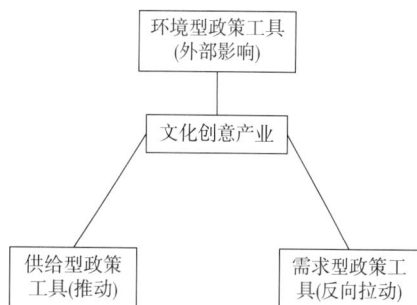

图 1-7　政策工具分类示意图

1. 供给型政策工具

核心要素是政府着力对人才、资金、科研、信息等提供扶持，最大范围扩大供给面，完善文化创意产业影响因素供给来提升文化创意产业创新水平，促进产业发展。重点包括人才资源培养、信息支持、基础设施建设等，详细分类如表 1-6 所示。

表 1-6　供给型政策工具

政策工具名称	政策工具内涵
人力资源培养	政府专门通过高校人才库去挖掘文创产业发展等特定专业级人才，并用专门的渠道培养发展
信息支持	指文化产业、创意产业变革的相关信息均被政府汇集，通过大数据平台找出产品特性及所需信息，提供市场上还未存在的前沿科技信息
基础设施建设	政府积极开发创意产业变革的研发基地、示范项目、文创园区等基础建设工程
资金投入	政府通过财政补贴、财政拨款形式对文化创意企业进行扶持
公共服务	政府牵头成立一批具有公共服务性质的组织，主要对文化创意产业开展服务工作

2. 环境型政策工具

指政府通过产权保护、税收、金融扶持等促进文化创意产业发展，从侧面助力文化创意产业发展与升级。其主要表现为目标规划、税收优惠、法规管制等六大类，详细分类如表 1-7 所示。

表 1-7　环境型政策工具

政策工具名称	政策工具内涵
目标规划	为推动文化创意产业发展，制定一系列推动产业发展的目标及规划举措
金融支持	地方政府利用贷款或者投融资政策等方法优化改善市场环境
税收优惠	政府通过少收、不收等各种优惠福利帮扶企业有序发展
法规管制	政府强制性制定法律法规来规范市场各个主体的经营行为，稳定市场有序发展
策略性措施	政府为了实现文化创意产业的政策类阶段性目标，因地制宜采取符合当下发展的政策措施
产权保护	政府利用多项措施提升人们的产权意识，最大化保护产权

3. 需求型政策工具

指政府通过外贸管制等强制性措施扩大国内外市场发展，不断开拓新的需求与发展。最常见的工具运用是政府采购、国内外机构管理等，详细分类如表 1-8 所示。

表 1-8　需求型政策工具

政策工具名称	政策工具内涵
政府采购	政府自行购入文化创意产业的产品或服务，也可通过借款等形式来实现，目的是推动消费市场发展
外包	政府寻求第三方专业机构，将文化创意产业项目的一部分交给对方完成，提高整体效率
贸易管制	政府通过强制手段对国内外贸易进行管理规范，亦可限制，亦可正向推动
海外机构管理	政府在其他国家设立供交流沟通的服务平台和机构组织

供给型、环境型、需求型这三种重要的政策工具分别通过科学技术的供给助推、市场变化的外部动力与需求，以及国内外环境背景制度等多方面助力其创意类、文化类的新兴产业变革升级。每种不同的政策工具都能找到对应的政策使用方法及运用的目的，而且任何一种类型的工具在选用过程中，都能导致政策落地的不同结果。比如说，政府制定的法律法规类政策文件，这属于环境型工具的运用，这种法规主要是对市场运作失灵的监督管理，同时也是不断约束企业的发展，形成完善的规范标准，使市场完备统一，当然，这也是对核心知识产权进行保护的有力举措。所以衡量政府政策对文化创意产业的正向推动作用是否有效，最关键是看政府使用了何种工具，这种工具应该在哪一环节应用。

（二）产业政策理论

文化创意产业的改革创新离不开政府的各种政策类型的正确导向作用，市场的自由发展到一定程度会出现失衡、恶性竞争等问题，必须通过政府政策干预与指导，制定法规、财税政策等才能促进文化创意产业健康有序运行创新。且文化创意产业具有意识属性，讲究社会效益，显而易见，政府的决策作用更加凸显。通过宏观调控、法律法规约束等举措，很大程度上能够阻止各类文化企业片面追求经济效益，导致市场混乱、恶性竞争、雷同山寨等问题，同时也彰显了地方文化特色。产业政策理论源于产业经济学，通过各领域发展规划来合理调配资源，制定科学、可持续的产业政策，使产业能良好健康发展。

第二章 文创产品设计开发的资源

第一节 文创产品设计的文化资源

一、符号与符号学

（一）符号

符号是符号学理论研究的基础单位，但其能够表达的意义涵盖了所有方面。因为是人们在长久的文化历程中不断总结抽象出来的元素特征，它可以是图形，也可以是声音，可以是一种文化，也可以是很多元素的组合，但是当这个东西被赋予了一定含义之后，就产生了它特定的意义。符号的含义就是一种"特征纪念"，是基于人的认识和习惯形成的。

符号就是"人化"的产物。概括来说，人类社会其实是一个符号化的社会，人类的思维、语言和传播都离不开符号。符号指代它本身以外的某事物，然后依赖符号使用者将它的含义辨识出来。符号在现代社会中多指语言、文字、电码、交通标志等。但从符号学的角度来看，符号涵盖的内容远不止此，如人与人之间打招呼的动作、某个仪式、游戏、神话故事等，甚至诸如拍卖会上向主持人拉耳垂示意的动作，这些构成元素都是符号。英国社会学家斯图亚特·霍尔曾指出，我们用来表达具有深层含义的词语、声音或者形象的专门用语都是符号。法国思想家罗兰·巴特曾在《神话学》一书中举例来诠释符号、能指以及所指之间的关系——如果玫瑰代表激情，那么能指就是玫瑰，所指就是激情。在这种指代关系中，玫瑰就变成了一个符号——一个象征激情的符号。美国哲学家艾恩斯特·纳盖尔提出，一个符号能够经由某种相沿成习的传统，或者利用某种语言原理，去指代其余某种和它不一样的事物。他还指出，人类的精神文明就是符号活动的产物，人的本质就在于能够通过符号缔造文化。他提出的"情感符号说"是符号学对艺术（包括美术）本质的阐释。

虽然对于符号的定义，不同阶段的符号学家有着各自不同的见解，但总的来说，大体能概括为：所有能指代某事物的标志都可以称作符号，它是传达信息的基本元素，可以用来指代人、物、集团等任何复杂事物。符号出现在人类社会的方方面面，人类社会也因为符号得以运转。瑞士语言学家费尔迪南·德·索绪尔提出："我们可以假设有一门探究生活中符号生命的学科：它是社会心理学的一部分，也是普通心理学的一部分——这就是符号学"。同时，他基于结构主义思想，科学地总结出符号的基本要素就是能指和所指（表2-1）。

表 2-1　符号的能指和所指

符号	能指（significant）表达面	形式：声音、字形
		内质：发声的
	所指（signifie）内容面	形式：形式关系组织
		内质：情绪的、意识形态的或概念的

能指是表面现象，是符号的基本特点，或者说是符号的一种形式，它是可以分辨的，是可以觉察到的对象；所指是内在意义，它是符号的意义概念部分。简单来说，能指和所指是符号的形式和含义，二者紧密相连、不可分割。例如，十字路口的红绿灯并不是用来照明的，而是交通规则的呈现。

正如恩斯特·卡西尔所说，符号是人与外界联系的表现，它能帮助人们对自我进行定义，对他人、事物进行评价。人类的思维过程实际上就是一个将世界符号化的过程，人的意识活动就是对符号进行筛选、组合、转化、再造的活动。

随着符号研究的不断拓展，现代符号学已然成为人文社会学科的"数学"工具，以语义和逻辑对意义、因果、评价、行为等方面进行比较精确的表达和分析，有机地贯穿于哲学、社会学和艺术学等各个领域，以此提升人们对所研究对象的理解和运用。人类文明的前进依托于符号和符号系统，而符号的内涵也无法离开对人类生活经历的参考与比照。

（二）符号学

符号学是研究符号一般理论的学科，其核心是研究一个由符号实现的传达作用或由符号实现的意指作用的系统。它主要研究符号的本质、符号的发展变化规律、符号的各种意义、各符号之间以及符号与人类多种活动之间的关系。

（三）符号的基本功能、基本特征和分类

1. 符号的基本功能

符号在我们生活中的基本功能主要表现在以下三个方面：

①表达和理解功能，人与人之间的活动概括来说就是一个符号化和进行符号解读的过程。

②传播功能，通过符号（语言、文字等）这个媒介，人与人之间实现沟通交流。

③反思功能，通过符号的象征意义，引起人们的思维活动。

2. 符号的基本特征

符号是以简言复、以具体概括抽象、承载各种含义和内容的工具；是人类了解事物、传达信息的媒介。它是人类历史发展的重要环节，人们利用符号来表达、传递信息。从现代社会的语言文字追溯到远古时代的结绳记事，符号在历史长河中始终扮演着重要的角色，它在一定程度上推进了文化的传播和发展。概括来说，符号具有以下特征：

（1）符号具有抽象性特征

恩斯特·卡西尔认为，符号是由特殊抽象到普遍的形式过程，人能够从一系列的事件中总结规律，并对它们进行研究。德国哲学家赫尔德将这种分离各种关系的能力称为"反思"，当然这种"抽象"能力也是人区别于动物的主要特征。以汉字为例，汉字的发展历史就是中华民族对社会活动方方面面抽象概括能力的演变历史，从最早的象形文字到如今完整的汉字系统，汉字已然成为中华民族密不可分的一部分。

（2）符号具有普遍性特征

符号具有普遍适用的特点，它不囿于任何特殊情况，而适用于人类思想的各种范畴。这种普遍性也是人类符号系统最重要的特性之一。以学科中的专业符号为例——H、Na、Mg、H_2O 等化学符号；kg、cm、mm、km 等物理符号，即便是在不同文化背景的人群中，这些符号也能引起大家认知上的共识。

（3）符号具有多变性特征

符号的多变并不是说它反复多变，而是指它的多面性。一方面，它会随着时代的发展而产生不同的意义；另一方面，它的意义又具有多样性，以语言为例，不同的语言可以表达同一种意思——比如中文中的"词语"与英文中的"word"均可以表示单词、文字的意思；而同一种词在不同的背景下又会有不一样的含义——以"龙（dragon）"为例，对中国来说，"龙"是高贵吉祥的动物，是中华民族的象征，但在西方国家的眼中，"龙"是恶的代表词，是丑陋残暴的动物。

3. 符号的分类

符号学中的符号必须满足的构成要求是表现层面和内容层面，表现层面可称为"能

指"；抽象的内容层面可称为"所指"（图 2-1）。这一概念最初由著名符号学家索绪尔提出，本是语言符号学中的概念，分别作为字母组合与所传达的含义存在。后来随着符号学的发展与开拓，这一理论可运用到可传递意义的众多事物上。

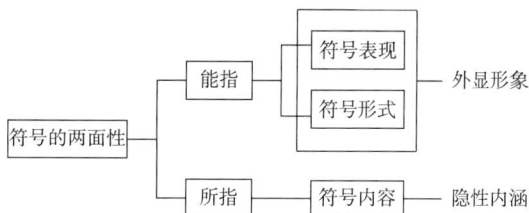

图 2-1　符号的两面性

著名符号学家皮尔斯依据对象与符号的关系，将符号分为三类：一是图像符号；二是指示符号；三是象征符号（图 2-2）。

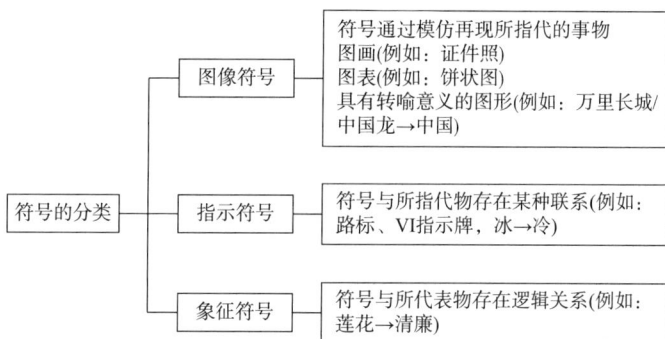

图 2-2　符号的分类

二、传统文化

中国有着 5000 多年的文明发展史，独特的历史因素、地理环境、人文积淀，创造出了光辉灿烂的物质文明和精神文明，成为中国乃至全世界的宝贵文化遗产。中国传统文化是整个华夏民族灵与肉的结合，它是整个民族关于历史的追忆，关于民族精神的寄托。它不仅关乎我们对本民族的认同感，而且是我们由心而发的民族归属感。它是遇到困难局面时整个民族人民的凝聚力，也是面对挫折时百折不挠的生命力。

（一）中国传统文化的定义

文化是人类在社会发展过程中创造的物质财富和精神财富的总和，它是一种以物质为基础的社会现象。文化的发展具有历史延续性，并且以社会物质生产的进步为基础。

25

文化是很复杂的，有着很多含义，但文化又从始至终都是属于人的，它有着很强烈的人文意味。随着民族的产生和发展，文化具有了民族特征，不同民族的文化都有着其自身的独特性。一个民族的文化包括文字语言、民族性格、民族用品、民族传统以及生活方式等。传统文化是每个民族薪火相传的历史遗产，是一个民族的核心文化。

文化的认同和传承对民族的发展起着至关重要的作用，它是民族的生存基础，也是民族持续发展的前提。中国传统文化有着鲜活的生命力和绚丽的色彩，是有着历史渊源和文化深意的文化现象，它不仅给我们带来了视觉上的享受，更与民族的生活、审美理念、精神需求息息相关。它体系庞大，涵盖众多优秀的文化艺术形式，经历了岁月的洗礼，凝聚着中华民族的智慧和力量。

（二）中国传统文化的特征

不同的地理、政治、经济环境和社会构成造就了不同民族的不同文化。中国传统文化也有着自己的特征，概括起来主要有以下四个方面：

第一，中国传统文化是以农耕文化为基础，以宗法家国为背景，以伦理道德为核心的文化体系。作为文化组成部分的中国古代宗教深刻影响了古代的政治、经济、文学艺术等方面。

第二，中国传统文化有着刚健自强、贵和持中、天人合一的基本精神。所谓刚健自强，即《易经·象传》中所说的"天行健，君子以自强不息"。健，是刚健的意思；自强不息，是始终积极向上的意思。刚健有为、自强不息的精神渗入了中国历史的脉络之中。所谓贵和持中，即注重和谐，坚持中庸，和为贵，追求人自身、人与人、天与人的和谐。所谓天人合一，即彼此共存、辩证统一。天人合一不仅关乎人与自然，也关于人自身的修养，人生理想的觉悟。

第三，中国传统美学深受儒、释、道三家理论的影响，高度强调真、美、善的统一。儒、释、道都主张"天人合一"的观点，认为自然与人是不可分割的，世界与人的本质、生命活动包括生存方式息息相关。中国传统美学的最高境界既是人和社会统一的境界，也是人和自然统一的境界，并且以最高的道德境界为最高的美的境界。

第四，中国传统文化有着强烈的人文性、包容性、伦理性、和谐性和务实性，它潜移默化地影响着我们的生活习惯和思维模式。

综上所述，中国传统文化历经千年的历史洗涤，既有着丰富的内涵，又有着因时代局限而产生的弊端。比如裹小脚、闹洞房之类的陋习；以及重感情、讲情义的传统情感在一定环境下极易生成裙带关系；过分注重礼仪也会导致繁文缛节，影响工作效率，使人谨小慎微，失去外向创造力和进取精神。因此，我们应该本着择善而从的科学态度，不仅要批判继承，更要有创造性的转换，让中国传统文化能在现代社会的发展中发挥更积极的作用。

（三）中国传统文化的现状

1. 国内传统文化现状

中国传统文化源远流长、博大精深、流派众多、品类繁杂、内涵丰富，曾长期处于世界文化的领先位置，它滋养了我们的民族精神，孕育了我们的民族性格。它是中华民族绵延千年的辉煌和文明象征。进入现代以后，中国传统文化就走上了响应现代化的艰难路程。

全球化是当今时代不可避免的发展趋势，在这种压力下，中国传统文化经受着很大的压力——误读、歪曲、遗失，传统文化与我们渐行渐远。流传千年的传统文化面临着即将消失的危险。在外来文化的不断冲击下，我们自己的优秀文化正面临着前所未有的挑战，这些直接影响了人们的日常生活以及价值理念。当今社会，追逐名利、道德低下、人情淡漠、利益为上似乎成为社会价值观的主流，这是相当可怕的。

中国自古以来就有尊老爱幼、尚德重义、天下为公、自强不息的传统美德，也有着"入则孝，出则悌"的民族道德。这些思想对于我们来说是巨大的精神宝库和伟大的遗产。但是，不管是国内还是国外，我们对传统文化有着相当严重的误读，落后的自我认知，甚至有些传统文化展示性的活动仍然习惯用一些"老掉牙"的戏剧、文打武斗的功夫和平淡无奇的茶叶。很多伪民俗、伪历史以文化之名迈出国门，导致国外对中国传统产生误解，给中国形象增添很多负面影响。即使在改革开放40多年后的今天，在许多西方公众的认知中，中国仍旧是一个古老、保守甚至带着某种神秘意味的国家，而最能代表中国的文化就是中餐、功夫、大红灯笼、京剧这样的符号。

因此，继承以及发扬中国传统文化是我们刻不容缓的历史责任和使命，但是仅仅依靠建造博物馆、举行展览、拍摄纪录片肯定是不够的。传统文化不是一成不变的，而是不断变化发展的。因此，我们应该做的不仅是保护，更应该传承、发展、创新和应用，让其能够在新时代中重新焕发生机和活力。

2. 国际化背景下的中国传统文化

世贸组织推动了世界经济一体化的进程，而加入世贸组织后，中国产品包括设计、生产、市场、销售和消费在内的各个方面都融入了世界经济格局的竞争范围之中。随着国外的产品同步进入中国市场，中国已经站在了世界经济舞台上，跻身于激烈的全球化竞争行列。世贸组织引发了消费观念的国际化，因此，产品设计的要求变成——既需要保持民族文化的特色，又需要融入其他区域的文化特色，让民族性和世界性在产品中共生。这就要求我们以全球化的视角审视中国设计未来的发展，要在设计理念中融入现代化、全球化的思想。

全球化的视野以及全方位的创新是中国设计的未来和希望。中国设计应该在保持本土特点的基础上与世界平等对话。为了满足对外沟通的要求，设计师需要在设计产品中融入国际化的表达语言，总的来说，中国产品进入全球市场，进行国际竞争，必然需要国际通用的视觉语言。这也意味着设计中的传统文化符号应承担起信息传播的重要作用。应立足本民族的文化积淀，遵循国际化设计趋势，发展出能展现中国气质、具有中国特色的设计。

3. 中国传统文化的现代化

中国传统文化的现代化是指中国传统文化适应现代社会的需求，与世界上其他民族的优秀文化相互交流、相互补充、求同存异、和谐发展。近代以来，学术界对推进中国传统文化的现代化经历了从偏激趋于理性的过程，在这个过程中，虽不乏因历史局限性形成的负面观点，如全盘西化等，但总体来说，这些观点在不同程度上为传统文化的现代化转变做出了贡献。

中国哲学家李泽厚在《论语今读》中提到，中国哲学重视感性心理和自然生命。在传统的儒家文化中，人的心性修养和社会价值处于第一位，重仁倡礼，崇尚"等级秩序"，抵制深文峻法，歧视体力劳动，蔑视科技工艺；而西方的基督文化以人性本恶为先决条件，为了约束人性本恶，重视外在的管束，所以西方推行法治，奉行平等民主，以科技为发展中心。因此，中西方文化在很大程度上有着天然的互补性。当然，现代化并不是指全盘西化，非此即彼，两者对立，而是一个互相学习、逐步深入的过程。在今天这个经济全球化发展、文化包罗万象的背景下，我们应当坚定"国学为本，兼容他学"的目标，推进中国传统文化和其他世界民族杰出文化沟通、交流和融合。将弘扬优秀传统文化与学习世界先进文化结合起来，只有这样才能真正实现中国传统文化的现代化。

如今，国内学术领域对传统文化的探讨重点逐渐转向对传统文化现代化意义的探索，探究传统文化现代化的转折点。

三、中国传统文化符号

（一）文化符号学的产生

在符号学的四次发展历程后，即使有不同看法的符号学者也认为符号学是可以与其他学派融合的，即多学科的结合产物。其中便有由部门符号学衍生出的一种与研究文化相关的符号学——文化符号学，即把文化看作一种符号或象征体。

（二）中国传统文化符号

当这些文化符号学被引用到研究中国传统文化时，便产生了一门独特且具有中国特色的文化符号学，即中国传统文化符号。中国传统文化是5000多年来我国各民族在悠久的历史长河中积淀下来的文化内容。

1. 中国传统文化符号特征

中国传统文化符号是华夏民族众多先贤前辈的智慧结晶，它不仅包括劳动人民的创造，也吸收了其他民族文化的精华，基于此，中国传统文化符号特征概括如下：

（1）地域性特征

中国地域辽阔，依靠地域划分的区域文明使每个地区的文化都有不同的特征。所谓"千里不同风，百里不同俗"便是这个意思。中国是一个多民族的大家庭，每个民族都有其各自的文化特征，这就体现了中华民族的传统文化符号的多样性。

（2）民族性特征

从文化的本义上看，文化即"人"的文化，其人文性让文化本身具有其民族独有的特点，中国传统文化符号即华夏民族独有的文化符号。

（3）时代性特征

中华上下五千年，从夏商周到隋唐，又从五代十国到宋元明清，再到现代，每个时期都有属于自己的文化特色，每个时期的文化符号都有着鲜明的时代印记。每个时代的文化符号又随着时代的变化有着不一样的意义。以长城为例，明清时期，它是国家安防的象征；抗日战争时期，它是英雄主义的纪念碑；现代社会，它是国家的象征，有着国家意识形态上的深层含义。

（4）多元性特征

中国传统符号表现形式多样，有以文字为载体的唐诗宋词；有以手工艺为载体的剪纸、皮影；还有以声音为载体的昆曲、京剧等。这些各式各样的表现形式让中国传统文化呈现出丰富多彩的特点，也为中国传统文化符号的传承与设计提供了各种思路。

2. 中国传统文化符号分类

中国传统文化符号经历了几千年的岁月洗礼，凝聚着中华民族的智慧和力量，具有浓厚的文化韵味和特殊的形象标识。在演变过程中，文化符号受到本民族政治环境、经济发展、道德思想等诸多因素的影响，其外在表现形式呈现出多样性：既有纯视觉的书画艺术、吉祥纹饰等；也有听觉上的二胡、古筝等；还有动作上的作揖抱拳等。中国传统文化符号按宇宙起源分类，可以分为自然符号和人造符号（表2-2）。前者来自大自然，后者则是人类对大自然的改造或者感受。两者关系密切，不可分割。

表 2-2　基于宇宙起源对符号的分类

类别	实例
自然符号	黄河、 长江、 五岳、 日月星辰等
人造符号	建筑、 器物、 故宫、 笔墨纸砚、 漆与漆器等

中国传统文化符号按社会功能分类，可以分成实用性符号和非实用性符号（表 2-3）。前者是指与人们日常生活相关的器物、建筑、服饰等有实用价值的物质文化符号，满足人们的物质需求；后者是指具有装饰性、象征性的神话、图案等文化符号，满足人们的精神需求。

表 2-3　基于社会功能对符号的分类

类别	实例
实用性符号	长城、 故宫、 苏州园林、 旗袍、 瓷器、 四大发明、 青铜器、 武术等
非实用性符号	民俗节日 （春节、 元宵节、 清明节、 端午节等）、 戏曲、 皮影、 饕餮纹、 太极图、 中国书画等

中国传统文化符号按存在形式分类，可以分成动态符号和静态符号（表 2-4）。前者是以动态形式呈现的文化符号，一般指通过一系列的动作或者某种仪式完成意义传达的符号；后者是以静止形态呈现的文化符号。

表 2-4　基于存在形式对符号的分类

类别	实例
动态符号	庙会、 祭天拜地、 祭灶、 迎亲、 丧葬仪式、 茶道、 作揖抱拳等
静态符号	图案、 色彩、 中国结、 印章、 灯彩、 脸谱等

第二节　文创产品设计开发的主体资源

一、政策

国家在 2016 年出台了《关于发挥品牌引领作用推动供需结构升级的意见》，目的是更好地带动国货品牌的消费，有利于引导目前消费的回流。从 2017 年开始，国务院将 5 月 10 日确定为"中国品牌日"，充分发挥我国本土品牌的引领作用，助力我国消费结构升级，同时也有利于满足民众的文化消费需求。目前在传统文化快速推广的背景下，消费者购买与支持国货产品也成了一种关心与爱国的方式，用户可以在消费优质国货的过程中传达出自己对本民族的认同感，形成一种通过传统文化来实现的社交属性，提升了用户的国家自豪感。传统文化来源于民族品牌和国货，其具有中国特色，其产品能够引发消费者的情感共鸣，同时也能通过传统文化的快速传播力与影响力来提升中国形象。

传统文化的流行本质上是自信发展的问题，当下世界各国文化的交流更为便捷与频繁，同时各民族之间不同的文化冲突也时有发生，在如今全球化趋势下，如何树立国民文化自信，对于国家今后的发展显得极其重要。中国在几千年的文化传承与演变中形成了大量优秀的中华传统文化，这些民族所特有的优秀传统文化是国民文化自信的基石。时代背景下涌起传统文化现象的实质是生活形态变迁下国民文化需求和文化自信的深层体现，传统文化风格作为当下中华优秀传统文化复兴的创新点，应给予其重视并加以弘扬，这也有利于中华优秀传统文化的传承与发展。

二、经济

当下传统文化风格的快速崛起，一方面是年轻消费群体对精神文化的需求推动了文化自信和文化回归的发展；另一方面是我国近年来经济实体的快速发展给文化创意产业带来了活力与动力。年轻的消费群体自身具有清晰的消费观念与准则，对于外来文化既具有包容性，也反对传统单一的文化输入方式，对本民族文化具有强烈的认同感，以及对国货品牌具有自豪感，这些用户消费属性也成为当下国货品牌发展的助推器。通过研究近几年相关国货产品的销售数据，发现目前传统文化的快速崛起、如今国货产品的全新升级不仅体现在产品品牌方面，在国货产品的品质与技术等核心实力方面也实现了较大的提升。如图2-3所示，百度搜索大数据显示，近五年，中国品牌搜索热度占品牌总热度的比例已经是相关海外品牌搜索热度的3倍，从2016年的45%到2021年的75%，其中增长幅度较大的国货类别主要是手机、服饰、汽车、美妆等与消费群体日常生活密切相关的领域。

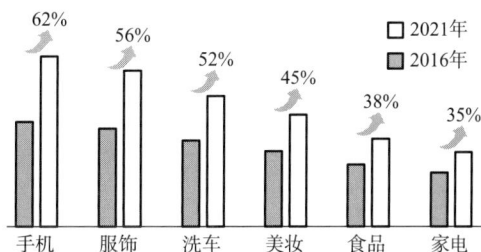

图2-3　2016年和2021年六大品类中国品牌关注度变化

年轻消费群体购买的不再是单一的服饰，或是其他饮食、美妆产品，他们更加注重产品的文化体验、社交属性、文化自信等方面的价值认同与满足。"80后""90后"等主流年轻消费群体是目前"传统文化"的主要买单人。在传统文化产品的消费人群中，男性与女性消费者具有不同的需求特征。在相关产品的造型与价格、质量三方面，男性与女性消费者的购买影响因素差距较大，其中女性更看重产品的造型与品牌，男性更看重产品的质量、功能、价格这三方面。年轻群体通过消费传统文化产品从而体现自我表达的社交属性，在一定程度上也影响着我国传统文化的后续发展趋势。与此同时，我国国民的文化消费意识不断提升，逐渐从传统的重视"物质消费"需求，到如今重视"精神文化消费"需求的比重不断增加，同时这一消费现象也促进了我国文化创意产业的发展与升级。

三、社会

在人们传统的消费习惯中，通过代际相传的方式，如长辈将国货产品的特点与优势在日常生活中告知年轻一代的消费群体，一方面，促进晚辈对国货产品的快速了解与建立认知，另一方面，提升了国货产品的品牌形象和宣传推广，但这种传统的代际传播的方式在如今快速发展的社会环境下，以及大量外来商品进入市场的冲击下，传统国货品牌缺乏创新与适应能力，造成了发展的停滞，越来越不能满足当下年轻消费群体的物质与精神文化需求，同时逐渐给大众留下了"死板""老旧"等负面印象。

相关数据显示，全民关注传统文化，"90后"已成为相关搜索主力，"00后"紧随其后，当下年轻消费群体具有较强的购买能力，其价值需求也是当下传统文化风格兴起的重要因素。年轻消费群体信息获取速度较快，具有较为开阔的国际视野，但是在产品消费上，自我身份的文化属性很难得到满足，因而传统文化风格的崛起是新一代年轻消费群体思想上文化归属的呈现。新一代年轻消费群体渴望摆脱传统的束缚，随着生活形态的变迁，他们对于时代的新理解、新需求是传统文化风格逐渐兴起的重要因素。

老字号在传承中华优秀传统文化方面具有十分重要的作用，需要我们正确认识、认同老字号的文化，其是具有民众认知与历史沉淀的民族品牌。文化既是一个民族的血脉和灵魂，也是一个企业的灵魂。在传统文化风格崛起的背景下，回力、飞跃、老干妈这些传统品牌，通过与传统文化风格的融合创新，以及对产品质量的保证，让老字号迎来了新发展和新机遇，同时丰富了传统文化产品的类别。这些老字号的文化也必定能在潜移默化中影响其他企业，影响热衷于老字号消费的人群。随着当下消费群体越来越年轻化，相应用户需求也在不断变化，促使相关国货品牌不断创新与发展，更好地满足当下社会发展需求，同时促进传统文化的传承与发展。通过传统文化的视觉风格和文化体验来代替传统的代际传播的国货产品宣传方式，能够让国货产品更好地获得年轻消费群体的支持和喜爱。当下传统文化风格产品给消费者带来的幸福感，归根结底是其产品本身所具备的符号意义，人们所热衷的消费符号包括国家自豪感、本地文化、乡土情结、儿时回忆等方面。传统文化与产品的融合创新能够促使当下年轻消费群体产生文化认同和情感共鸣，从而更好地带动全民消费热潮，让国货品牌焕发生机，适应当下消费市场需求，同时更好展现中国文化的自信。

四、技术

当下中国科学技术等方面的进步是中华儿女有目共睹的，我国部分相关技术已经跻身世界一流水平，特别是从区块链到 5G，从中国高铁到中国量子技术以及人工智能等方面。国人日益关注科技创新背后的中国力量，目前在大数据、互联网、5G 等新兴技术快速发展的背景下，人们的主要消费习惯由传统线下逐渐转变为线上购物，例如，天猫、淘宝、京东等平台已逐渐成为当下年轻消费群体的主要消费平台。电商行业的飞速发展为我国传统文化、流行文化品牌与文化创意产业的发展提供了一个良好的环境和发展动力，许多博物馆和潮流文化品牌专门开设了网店，一方面可以进一步体现经营场地不受限制的优势，另一方面相关开销成本的降低为经销商带来了极大的便利。2019 年，随着阿里巴巴正式宣布推出新国货支持计划，许多传统老字号也沿着数字化路径，朝着新国货的方向不断创新与调整，力争满足当下广大年轻消费群体的需求。

传统文化快速发展与崛起，不仅靠产品的颜值，更重要的是中国制造行业长期以来所积累的坚固基础，保障了传统文化相关产品的质量和性价比，使其在市场竞争中不仅外形美观，而且其功能与质量更具优势，能够快速脱颖而出，凭借良好的口碑迅速在广大年轻消费群体中传播开来。

对于互联网的熟悉与敏感度，年轻一代更具有优势。在日常生活中，他们更依赖于互联网的平台进行社交，形成了这一代人独特的社交属性，同时他们在消费观念上更具数字化观念，对待新事物和外来文化更具包容性和接受度，对互联网的传播媒介的熟悉度也更高。

第三章 传统文化资源在文创产品设计开发中的创意转化

第一节 文创产品设计开发的驱动力

一、区域性文化驱动力

区域文化广义上指某一区域的地理状况、文化特点及人们的意识形态。狭义上指某一区域在历史发展中经过长期的积淀，在民俗节日、建筑表现、艺术水平（包含体育、音乐、服饰等）、生活方式等多个层面都形成一种独特的文化特征并至今仍然作为当地的文明继续发挥着作用。这种文化特征结合当地的地理环境与思想观念融合成特殊的文化体系，与其他区域的文化体系具有差异性。区域文化是这一区域人类全部物质与精神活动的总和，是区域发展的核心。

（一）文创产品的定位

开发文创产品的首要考虑因素是市场定位。通过市场调研，了解文创产品的消费者群体，发展现状及其未来发展趋势。文创产品的消费者群体分为本地消费者与外地消费者。本地消费者与区域文化容易产生共鸣，主要作为自用和伴手礼赠予他人，较容易吸引消费行为。因此文创产品定位所需考虑的问题是：第一，如何在外观、功能和精神内涵上打动本地消费者，吸引顾客二次购买；第二，如何通过某种表现形式传播文化在门店及线上途径吸引外地消费者。

由于生产力水平不断提高，经济政策随之开放，目前开发区域民族特色的文化创意产业还处在初级阶段，行业前景具有蓬勃的生命力，但各地区市面上销售的文创产品的趋同现象越来越严重，要在众多文创品牌中崭露头角，与区域文化相结合是最恰当的选择，一些文创品牌正在朝这个方向探索，但大多是循规蹈矩，将区域文化中的图案、形状等直接复制在产品上。

文创产品的定位，首先是外观与功能上需美观实用，将区域文化元素进行提炼处理并创新。其次是情感体验，将区域文化表达的情感与消费者情感产生桥梁，形成连接与互动。突出区域文化，降低品牌的商业性质，以文化贴近消费者生活。

（二）文创产品的设计

文创产品的设计是开发文创产品的一个重要环节，除了功能需齐全外，还需有美感。在种类上，大致分为原生态产品（如玉石、标本等）、手工艺产品（刺绣、根雕、瓷上绘画等）、艺术衍生品（艺术作品再利用）。在用途上，分为办公用品、生活用品，以及线上自媒体（如表情包、壁纸等）。图形纹样可通过建筑、民俗节日、区域特殊工具，民族服饰/配饰，当地的民族传说、风土人情、生活习惯中将抽象的文化提取和绘制成具象的图案或形象。呈现方式多种多样，可采用手绘插画、雕刻等多种艺术化手法或传统工艺，给文创产品赋予传承区域文化的使命。区域文化在文创产品中的运用可以遵循如下步骤：对当地特色文化素材进行收集、整理和提炼，应用形式美法将提取素材转换为设计符号，把设计符号再处理为文创产品能够表现区域特色的方式，可以直接将特色符号附着在产品上，也可以间接表现。

文创产品还可开发"爆款"，如故宫文创产品中的彩妆等，既能激发年轻消费者的购买欲，潜移默化地使他们了解历史，也顺应了时代发展的潮流，将现代气息浓厚的产品与传统文化建立联系，带来文化效应与经济效应。

（三）文创产品的意义

文创产品有其经济意义和社会意义。文创品牌的发展有助于传播区域文化，打造区域形象，促进区域经济发展。

1. 传播区域文化

文创品牌的建立必然需要区域文化资源的支撑，文化本是一个抽象的词，通过具体产品直观地呈现出来。区域特色显著、造型精美、用途广泛的文创产品被各地消费者购买，区域文化也随之传播，作为日常用品或装饰品渗透人们的生活中。

2. 打造区域形象

文创产品大多被陈列在地区景点等地方，千篇一律的产品自然提不起消费者兴趣。购买行为一旦完成，无论是自用或是赠予亲朋好友，都是对区域文化的一种传播与肯定，为树立良好的区域文化形象打下坚实基础。

3. 促进经济发展

区域文化挖掘得越是深入,文创品牌识别度越高,知名度也就越高,需要参与文创产品开发的人就越多,创造并扩大了就业机会。好的文创产品还会给当地文物单位带来可观的经济收入。在素质化社会,追求精神食粮的人增多,文化元素显得格外重要,文创产品兼具功能性与艺术性,能够促进消费。

二、非物质文化遗产驱动力

非物质文化遗产是独特的民族文化与深厚的民族思维的重要载体,是中华传统文化的瑰宝,是人类最宝贵的财富,具有重要的文化、历史及艺术价值。基于非物质文化遗产的文创产品开发,能够让使用者感受到产品中独特的民族思维、文化内涵,助力非物质文化遗产的传播与推广,使中华传统文化在新时代焕发青春活力。

(一)文创产品与非物质文化遗产的概述

随着经济全球化的推进,世界文化不断交融,中西方文化在交流传播碰撞的过程中创造了巨大的经济效益。好莱坞电影文化就是美国最大的文化经济产值来源,每年能够创造超百亿美元的经济收入。我国作为唯一一个文明没有中断的国家,历史文化源远流长。随着我国经济实力的不断增强,国家提出了建设文化大国、文化强国的战略目标,文化经济产值呈现指数式的快速上升。其中文创产品因其内含的丰富文化及民族特色,深受世界各国人民的喜爱,既展示了中华优秀传统文化,又助力这些文化的保护与传承。

人类的进步包括科技的发展与文化的提高。人们物质水平不断提高的同时,人们的精神文化生活也丰富多彩。在华夏儿女五千年生产、生活实践中创造了大量的表演形式、历史传说、诗歌绘画、风俗习惯甚至宗教信仰等经受了漫长历史的扬弃而传承至今的就是非物质文化遗产。非物质文化遗产既体现着国家的历史厚度,也体现着国家的民族内涵,是国家重要的精神力量及重要宝藏。

(二)非物质文化遗产与文创产品之间的关系

1. 非物质文化遗产是文创产品设计的灵感来源

我国拥有的非物质文化资源种类特别丰富,是 5000 年华夏文明传承下来的文化积淀,具有明显的民族性和文化传承性等特点。与物质文化遗产不同,非物质文化遗产属于无形的文化资源,必须借助物质化或媒介化的符号才能传达或展现其中的文化韵味或内涵。而要求原创、有价值的文创产品则是其最好的信息载体,能够激活非物质文化遗产的活力，赋予其新时代新的生命力。非物质文化遗产能够提升与丰富文创产品开发的资源与素材，给予文创产品更深厚的文化内涵与民族特色，提升文创产品的影响力与吸引力。基于非物质文化遗产的文创产品开发，能够实现文化创意与非物质文化遗产之间的碰撞与融合，将非物质文化遗产转化为具有创造性与可推广性的产品，以活态的传承方式来保护它们的同时，实现二者的共同发展。

2. 文创产品承载着非物质文化遗产的内涵

文创产品有具体的形态或形象，大多以实物产品的形式呈现。基于非物质文化遗产的文创产品开发，能够实物化、具体化非物质文化遗产的文化内涵，实现文化的动态传达。在非遗文创产品开发方面，应当针对具体的非物质文化遗产进行深入研究、创新设计，发现其中的特色并使其产品化，创造出既符合当代审美需求又承载非物质文化遗产内涵的文创产品，发挥非物质文化遗产特有的文化价值、精神价值，以产业化发展的文创产品助力非物质文化遗产的保护与传承。

（三）基于非物质文化遗产的文创产品开发

1. 开发的原则

基于非物质文化遗产的文创产品开发是将小众的文化转变成大众化的产品，不但要传承其文化内涵，还要与现代创意结合起来，将民族文化以一种更平易近人的方式呈现在日常的工作生活之中，从而在激烈的市场竞争中占据一席之地。这就要求相关产品的开发应当遵循基本原则，具体而言就是文化性、创新性、体验性、传承性及地域性。

2. 开发的方法

基于非物质文化遗产的文创产品开发，绝不是简单地将非物质文化遗产与文创产品相加，而是要"量身定制""量身开发"。我国拥有的非物质文化遗产项目数不胜数，面对如此众多的文化宝库、创意资源，要针对具体的非物质文化遗产进行具体分析。

（1）保持传统工艺与材料

为数众多的非物质文化遗产是传统生活与生产的表现，非物质文化遗产传承人大多选用身边的天然材料进行制作。随着现代技术的发展，机械化逐步取代传统工艺，但对于不少技艺或其中某一环节，传统工艺与材料的美是无法取代的。因此，对于那些以手工艺为核心特点的文创产品，务必保持手工制作。手工制品是有温度、有感情的，每一件都有着差别，在精工细作里展示无可取代的珍贵。以刺绣为例，手工刺绣的美是机器绣花远不能及的。以"破线绣"为例，技艺高超的绣娘能够将一根真丝线破成细如毫发的 128 根，这是机器难以达到的精致。再如，浙江安吉竹编、四川青神竹编等，也离不开手工技艺的使用。当然，手工制品最大的问题在于如何保持统一的标准及制作的速度。

无论是为了控制品质还是提高速度，在开发非遗文创产品时，都可以考虑"流水线"的生产模式。在中国传统手工艺发展中，早就有了分工协作的"流水线"，有些手工艺人在掌握全套制作技艺的基础上特别精通某些环节，有些手工艺人则只掌握某一环节的技术。国家级非物质文化遗产的北京灯彩就是最好的代表，北京红灯厂的师傅们各自掌握一些技能，在制作时各司其职、各有所为。

（2）提炼传统图案与造型

中国传统文化中蕴含的图形、装饰纹样、器物造型等图案都属于传统图案。这些传统图案经过千百年的变迁传承，表现着不同民族的民间艺术、民俗仪式及文化信仰等，为民间美术造型提供了众多创意源泉与活力。提炼传统图案中的亮点或特色用于文创产品的开发是最常见的方式，市场上这类文创产品的数量也是最多的。设计师们大多从那些具有极强视觉冲击力的非物质文化遗产中提取最经典的图案，印制在布料、明信片、记事本等产品上。以蓝印花布为例，印在布上的图案或中心对称，或上下左右对称，以质朴的平衡动态体现出中庸之道中生生不息的寓意。实际上，蓝印花布中的传统图案大多都寄托着人们最美好的愿望或祝福，比如多子多福的石榴与鱼、青梅竹马的梅竹图等。蓝白相间的图案既能展现非物质文化遗产的创作手法，又能使人感受到中国人乐观的心态及对美好生活的向往。

（3）部分创新材料或造型

不少基于非物质文化遗产的文创产品既承担着宣传中国非遗文化、拓展文化旅游市场、发展文化创意产业的职责，也承担着以产业发展传承工艺的重任。这使相关文创产品开发时，保留非物质文化遗产的核心部分，对文创产品的材料与造型进行创新或修改，既节约物料与工时，又能保证应有的文化内涵。脱胎于"北京绢人"的"唐娃娃"就是一个较为成功的文创作品，"唐娃娃"虽然不再贴绢制手，而是以树脂或塑料制手取代，但保留了北京绢人的特征与韵味，相对于传统绢人，"唐娃娃"体积小、易携带，一经推出便受到了众多消费者的追捧。

（4）引导手工体验制作

基于非物质文化遗产的文创产品既可以是成品，也可以材料包的形式出现，引导消费者亲身体验手工制作，从深度的体验中感受到非物质文化遗产的魅力。针对非物质文化遗产项目，设计开发材料包是一种传播面广、简单快捷的方式，文创产品的设计师与非物质文化遗产的传承人们讨论后，计算好完成一件手工制品所需的材料数量，配成具有视觉效果的材料包。对于那些制作工艺相对复杂的手工制品，不仅要提供纸质的说明书，还应提供相应的电子教程或视频演示教程，让用户们拿到材料包后，能够跟着教程完成制作。

（5）用好互联网的力量

2016 年，国家文物局等 5 部门共同发力编制了《"互联网 + 中华文明"三年行动计划》，提出要用好互联网技术，助力文化创意产品的开发与销售。随着信息技术发展，社会信息化、信息化社会已经成为必然趋势，互联网成为大多数人工作学习生活中不可或缺的重要内容。基于非物质文化遗产的文创产品是优秀传统文化新载体，在开发过程中应当用好互联网的力量，将非物质文化遗产与互联网实现深度融合，构建"互联网 + 非遗文创产品"的开发与推广模式。传统模式的文创产品开发环节无法广泛收集社会各界的反馈，而互联网的加入能够广泛地建立与潜在顾客群的沟通与交流，从而开发出更符合时代需求的个性化非遗文创产品；可以通过"线上 + 线下"的方式推广非遗文创产品，通过旅游景区、书店、博物馆等推广非物质文化遗产，实现非物质文化遗产及相关文创产品具体化、生活化。而线上则建立相应的 App 小程序、微信公众号等网络宣传途径，让消费者能够随时随地了解相关文化知识，增添文创产品的文化价值，还可以建立网络销售渠道，通过"直播带货""网店""微店"等方式，给予消费者更多的购买渠道，使之获得与众不同的文化熏陶，扩大非遗文创产品的影响力。

第二节　传统文化的创意转化方式

一、汉字元素的应用与设计

汉字在我国历史上从古至今都有着重要的地位。它是文化的传承、历史的承载，汉字元素对文创产品设计有着重要意义。而外形特征能够很好地吸引观者的注意，在设计中运用汉字、书法元素进行结合，取"字"的外形特征，进行文创设计，可以运用在不同领域，发挥其赋能性、渗透性和延展性。

（一）汉字创意设计

1.概念由来

文字是表达语言信息的一种符号或图形，在设计中文字不仅有着传递思想的基本功能，还能在视觉上营造出特定的审美氛围，丰富作品内涵。作为汉语的书面记录方式，汉字有着表音义和图画性这两个最为主要的特点，在组成结构上可分为方块内的上下或左右关系，因此也被称为"方块字"。汉字的这一属性体现了中国人特有的思维方式与审美特点，是当之无愧的"中国元素"。在文化创意产业勃兴的当下，对汉字的创意再设计是激发民族情感与认同，寻找文化自信的重要方式。汉字创意设计主要体现于文创产品的设计开发过程中，它立足于中国传统的语言文字文化，其重点在于对汉字的结构形态进行研究和改造，结合内容与载体的要求选择恰当的建构排列方式，使受众通过文字的形体变化产生丰富的联想，进而在有限的设计空间内承载更多的文化内涵，展现汉字文化的独特魅力。

2. 历史由来

根据考古学的相关发现，汉字的历史已经超过了 6000 年，在当今所有已知的文字类型中是延续时间最长的一种，而且是目前使用人数最多的象形文字，在世界文化语境中发挥着巨大的影响力。从艺术的角度来看，汉字的演变能够反映出不同时代的社会文化特点与人们审美取向的变化，尤其是书法的出现表明中国人非常重视汉字字体在结构上所表现出的美感。从甲骨文、金文一直到后来魏晋时期趋于稳定的楷书，每一种字体都有着自身鲜明的特点，它们是我国宝贵的非物质文化遗产。虽然字体经历了多次变化，但汉字始终有着几个核心的美学追求，宋代名家苏轼曾对此进行总结，"书必有神、气、骨、肉、血。五者缺一，不为成书也"。现代的汉字创意设计建立在传统书法与印刷技术的基础上，要想更好地在文创产品设计中应用这种古老的艺术，设计者就要了解汉字基本的笔画规则以及它们在美学上的基本特点。

（二）汉字创意设计的美学价值

1. 塑造特定的艺术形象

在文创产品设计中汉字书体的选择是摆在每个设计者面前的重要问题，这是因为不同的字体有着不同的审美特点，适用的场景也不尽相同。例如，楷书结构严谨，对于字体表现的规范性有着较高的要求，因此有助于塑造端庄肃穆的艺术形象；行书在视觉的表现上飘逸灵动，有着很强的手写性特征，能给人一种随心所欲的流畅感；隶书在横向上呈扁长状，笔画追求一波三折，具有一种超越时代而来的古典美感；篆书瘦长，留存明显的象形文字的特征，虽然对现代人来说是非常陌生的，但是有着很强的趣味性。可见，汉字的每一种书体都具有一定的美术特性，汉字创意设计可以帮助人们营造出不同的艺术氛围，带来审美上的愉悦感。

2. 增加作品的信息含量

汉字创意设计不仅是一种艺术创作，也需要向受众传递一定的产品信息，而表意是文字的基本功能，将其应用在设计中，可以增加作品的信息含量，使设计者能够更加完整地表达自己的想法。与图形、色彩等要素相比，文字有着更强的可识别性，它可以对画面起到补充说明的作用，进而拓宽设计作品的受众层次。例如，广东文创品牌"字在"以汉字为主题研发的"文化茶"，将普洱茶压制成汉字拆解后的 28 个不同笔画，融入茶品形态中。人们在体验该系列产品的同时，可以通过联想将零散的笔画拼凑起来形成完整的汉字，也可从中品味"文化茶：文字化成茶"的价值主张，充分体现了文字创意设计的信息传递功能。

3. 传承历史文化汉字的演变

文字同各种神话传说、社会变革以及民族迁徙等事物息息相关，是承载中华民族几千年灿烂文化的艺术宝库。设计者可以从中汲取营养，借助现代化的设计手段来延续传统文化的精髓。汉字在漫长时光中之所以经久不衰，说明它的存在不仅能够满足信息交流上的功能需求，还能引起人们在文化认同上的心理共鸣。重视汉字创意设计，可以满足人们对于文字审美的情感需求，带动文化消费体验，促使国家文化创意产业进入更加繁荣的发展阶段。

（三）汉字创意设计的基本原则

1. 要具备可识别性

在文创设计中应用汉字元素除了视觉上的煤化作用外，还要传递一定的内容信息并尊重汉字的表意属性，因此汉字创意设计要具备一定的可识别性。从文化创意产品受众的角度来看，不论设计者如何对字体的结构进行拆解、重组与改造，最终呈现出来的效果都必须能被人们所理解，与设计作品本身的艺术内涵与形式风格相匹配，使其中的文字元素真正发挥画龙点睛的作用。目前应用最为广泛的设计策略是对称与均衡，对称是指文字要素在横向和纵向上能够一一对应，均衡是指整个设计结构的协调统一。例如，中国文字博物馆收藏的"福禄喜寿"系列文创作品，其采用锥形的空间结构，将重心放在底部，上端切去尖角以楷书刻字，左右对应，引导画面聚焦在文字上，具有很强的可识别性，整体表现出一种稳重平衡的美感。

从构建文化品牌的角度来看，坚持简洁明朗的可识别性设计风格，让文字元素能够体现出产品的一部分特色，使之成为设计的一种标志，便于人们对产品进行辨认和消费。品牌的形成对于文化创意产品来说尤为重要，有了独特的文化标识，才能与同类品牌设计相互区分开，才能对受众群体进行精准的定位，产生差异化的认同。例如，我国大多数知名的酒类产品都采用隶书或篆书等古朴的字体作为商标设计的核心要素，通过文字使人们对酒品的历史展开联想，从而打上中国特色的烙印。又如，主要在机场进行服务的中信书店，设计者通过上下排布，将"中"与"書"的那一竖连接起来，给顾客留下深刻印象，利用文字形成品牌的一个记忆点，取得了不俗的设计效果。

2. 要具备可协调性

从艺术设计的角度来看，汉字往往不能作为唯一的核心设计要素，只有使其和色彩、图形、材质以及构型等其他元素相互配合，才能最终实现预定的设计目标，这一点称为可协调性。汉字虽然有着丰富的艺术功能，若是纯粹以汉字为核心，设计创作就变成了书法创作，必须强调设计的综合属性，进而保证作品的艺术呈现是多维度与多层次的。比如，在 2018 年的宁波书展上，来自奉化的书店制作了大量以汉字行书为主题的书签，给人一种古色古香的感觉。书签的背景采用了传统的楼台山水画，配上仿玉的材料和青花瓷粉色釉彩，充分遵循了可协调性的设计原则，从而使该作品获得了参展市民的喜爱。

站在工业化设计的角度，数字技术和多媒体的发展使得文创设计有了更加丰富的表现形式，一件完整的设计作品不再只是平面上的，它需要经过几道工序，由一个多人组建的跨学科团队来共同完成。从这个角度来看，未来的汉字创意设计同样需要具备更强的可协调性，通过科学规范的流程化合作来提升设计的品质。比如，位于佛山的创意产业园吸引了超过 1000 家企业入驻，园区的标志设计采用了大量的汉字元素，由多家企业的设计部门通过合作完成，可见该园区已经初步形成了现代化的文创产业服务体系与行业链条。

（四）文创产业中汉字设计的审美特征

1. 力量美

汉字作为书法艺术在汉代以后已经渐入成熟期，那时人们在书写汉字时追求"瘦奇有神"，唐代以后开放包容的精神促使书法向"浑圆写意"的方向发展，但是对于"力"的追求是其中不变的主题。横折撇捺之间，笔画的粗细、浓淡和轻重都在发生着变化，透过字体仿佛能看到书写者在落笔时的收放自如，表现出一种动静结合的力量美感。正如晋代书法家卫铄在《笔阵图》中所说，"下笔点画波撇屈曲，皆须尽一身之力而送之"。汉字笔墨中的力量美对现代的艺术设计者有着很深的影响。作为一种主要应用在平面上的艺术形式，汉字创意设计虽然没有绘画那样强大的图形表现力，但是可以通过书写与布局表现出一种动态的力量美。通过笔画的书写曲折，流动的线条将静态的局部结构连接在一起，使人们感受到设计者在其中融入的情感。比如，在 2018 年苏州举办的文创产品狮年会上展出的立体台历以"活字印刷术"为主题，在作品的多个面上出现了雕刻形成的镂空字体，视觉上充满力量感，向人们表明传统的印刷不只是一种技术，它更加是一种源于汉字艺术的非物质文化遗产。

从实际应用的角度来看，汉字的力量美主要体现在运笔的过程中，要想在文创设计中让人们感受到这种美感，就需要围绕书写感进行细致的构思。汉字的笔法是利落精确的，线条边缘圆通，却包含着穿透纸张的力量感。同样是《笔阵图》中所说，"多力丰筋者圣，无力无筋者病"。只有在书法中灌注力量，才能表现出书写者的风骨，可见古人对于力量美的主张是精神层面的。要传承这种对于笔力的追求，设计者可以对古文字的特点进行概括和提取，通过新材料和新技术来表现汉字的力量美。比如，杭州丝绸博物馆收藏的丝质邮票收集册，封面围绕着"丝"字进行形态设计，金色的笔画刺在蓝色基底的丝绸上，充分体现出汉字柔中带刚的力量感，使人们联想到丝绸之路对于唐代文化传播的重要意义。

2. 结构美

汉字有着包围结构、左右结构、上下结构、品字结构等多种构造形式，每一种结构都在视觉上有着独特的美。比如，独体结构一般出现在笔画数较少的文字中，因为只有一个部件，所以有一种简约凝练的形体美感；品字结构上疏下紧，结构重心落在中间偏下的位置，具有一种堆叠感，在视觉上表现得比较稳定；左右结构由两个部件组成，讲究横向上的排列，通常弱偏旁而突出主体，体现出古代组合成字的艺术思想；全包围结构以方块造型为核心特征，在视觉上有封闭周正的美感；半包围结构是开放式的，这个类型的外框没有将字体完全包裹住，很好地表现了汉字圆润且方正的特点；上下结构纵向发展而来，视觉焦点可能落在上半部分，也可能出现在下半部分，具有强烈的结构美感。汉字的结构美在文创产品设计领域有着广阔的应用空间，是设计者们绝佳的灵感来源。

孙过庭在《书谱》中说："初学分布，但求平正。"笪重光在《书筏》中云："横不能平，竖不能直，腕不能展，目不能注"。从整体来看，均衡平正是汉字最为基础的一种特点，也是相关的文创设计中首先要注意到的一点。此外，汉字的不同组成部分之间也并非独立存在，而是相互牵连、对照的，这种连贯起来的关系能够让结构较为复杂的汉字看起来是挥笔一气呵成的，笔势绵延贯通，说明汉字在结构美的展示上也是作为一种书写的艺术而存在的。比如，由"喜鹊造字"品牌设计的茶具，设计师将汉字的小部件制作成立体的方块，然后在周围画上脚手架，仿佛这些汉字是在建筑工地上搭建起来的高楼大厦，给人妙趣横生的观感。又如西安设计师根据汉代十六字方砖制作的旅游纪念品将每个汉字分布在方框之内，上下结构的"皆"通过改变构成部件的大小形成远近感，独体字"臣"简洁优雅，它们都充分展示出汉字的结构美感。

3. 意象美

刘恕在《通鉴外纪》说，"仓颉见鸟兽之迹，体类象形而制字"。中国最早的文字是以图画对生产劳动中发生的事情进行记录，后来此类图画形成了象形文字。汉字正是由象形文字发展而来的，虽然目前通用的简体字更像是一类抽象符号，但图形化的特征依然得到了保留。比如，唐代书法家李阳冰喜欢通过观察自然界中的景物来品味汉字的意象美，他自述"于天地山川得方圆流峙之形，于日月星辰得经纬昭回之度"。意象这个词在古文学领域中是非常重要的，诗人选择的意象通常都有丰富的意蕴，是创作者情感的寄托。相似地，汉字文创设计中的意象表达不仅和汉字本身的含义相关，还要和受众的情感相通，最终营造出一种东方式的含蓄的意境美。仅仅一个汉字，就能因为字形而包含深邃的意象，设计者常常只需要对一个单独的汉字进行反复揣摩，思考其中的含义，并从古代书法中获取灵感。汉字字形融入了先民们特有的审美趣味，反映出中华民族对于情景交融意境的不懈追求，这种精神一直延续到现在。

比如，著名的北京奥运会标志设计巧妙地运用"京"字的造型，使它看起来就像是一个正在奔跑的人，很好地契合了奥运"更快、更高、更强"的运动精神，给人们留下了深刻的印象。在文创产品设计领域，设计者应该紧紧把握住汉字的意象美特征，通过字形来表达特定的含义，深入挖掘汉字造型背后的内涵，进而提升作品的艺术境界，使汉字创意设计中的"创意"二字得到切实的体现。比如，上海图书馆在馆藏书籍纪念品的设计上把繁体字"淚"拆成了三部分，其中左偏旁的三点水被画成雨水，"户"被画成建筑物的屋檐，而"犬"画成了一只小狗。整个画面通过在屋檐下避雨的"犬"形象地刻画出"泪"所包含的惆怅意境，具有十足的趣味。又如，内蒙古某地以畜牧业作为主要经济支柱，当地的乳制品品牌仿照甲骨文在"女"字上加上两点，使之形近"母"，惟妙惟肖地刻画出母乳喂养的场景，表达出设计师对于母亲伟大形象的赞颂之情，充分说明汉字创意设计的意象美特征。

二、地域文化元素的应用

中国有五十六个民族，每个地方的方言、生活习惯、服饰服装、喜好习惯、手工非遗、美食文化等都不相同；自然地理风貌、风土人情、信仰、民间传说也有巨大的差异，可以从本土的地域深入挖掘，设计出有本地特色、有独特的地域故事、有地域特色文化的文创产品，进而可以有效地防止同质性，同时也可以打造特色城镇品牌，提升该城市的知名度和认知度。

（一）地域文化的概念和特点

1.地域文化的基本概念

所谓地域文化，通常主要指一种具备精神特性以及物质的区域文化。结合该地区的人文资源以及自然资源，对某个特定区域的文化特征进行展现。例如，江苏省南通市，其地理位置处在大江大海的交汇处，极具区域文化特色。明末清初时期，南通市采取开放性政策，率先引进先进文化和先进生产力，从而促使南通市成为"中国近代第一城"。因此，南通市充满传统且具有生命活力的文化，推动了当地经济的快速发展。

2. 地域文化的主要特点

所谓地域文化，其并非只是根据环境特色以及地理位置进行定义的。通常而言，地域文化主要是由本地区经过多年的发展后所诞生的文化内容。为了能够了解其地域文化，理应查阅相关背景资料。一般而言，地域文化具有普遍性、独特性、影响性、差异性、渗透性以及继承性的特点。

（二）地域文化元素在文创产品中的具体应用

1. 产品设计中的设计原则

（1）造景写意

我国拥有非常悠久的历史文化，而地域文化通常更为注重意境美的价值，从而才可以将中国独特的韵味体现出来。在我国传统的美学价值观中，意境具有非常崇高的地位。

（2）赋予寓意

在文创产品中渗透地域文化原色的时候，可以基于产品本身功能层面的实际需要，将相关寓意渗透其中。例如，中国自古便有茶文化，因此设计者便可以在茶杯的外侧写上"逝者如斯夫"等语句，以此表达对于美好时光理应予以珍惜。

（3）融合转换

设计者在进行设计的过程中，应当找出和产品本身十分接近的文化元素，并和大众的普世价值观保持一致，以此将产品的价值全部展现出来。

2. 产品设计中的转化思路

在进行产品设计的过程中需要对地域元素予以转化，通常而言，主要包括具象转化以及抽象转化两个方面。

（1）具象转化

在我国不同的地域中，其文化元素均有着巨大的差别，并具有独特的意义。从服饰、建筑以及器物中均能找出可以利用的元素。文创产品通过运用这些元素，更为直接地将民族风格展现出来，以此提升产品的文化价值。例如，我国文化中最为常见的纹样便是祥云，许多建筑物或者绘画作品均采用这一图案表达吉祥美好。北京2008年奥运会时，我国的火炬设计也采用了这一图案，通过观察火炬表面的纹饰，可以发现其在满足本身功能的前提下，还可以将我国文化内涵充分展现出来。

（2）抽象转化

传统文化的意识形态十分抽象，通常由价值理念和民族精神共同组成，此类文化可以通过人们的行为习惯以及生活方式进行展现。文创产品的设计必须到位，才能有效体现出其创造价值。在我国古代，上上签代表着非常顺利。而以此为理念设计的牙签，寓意所有使用该产品的人均得到了上上签，意味着每一天都充满着美好。这种设计方式将我国传统文化的寓意应用其中，促使每一个人都能够获得美好祝福。

3. 产品设计中的应用方式

（1）拼接

所谓拼接，通常主要是指将某个产品的符号直接放到另一个物体上，以此将产品原本的逻辑关系全部表达出来。通常而言，可以应用的拼接符号全部都具有我国传统色彩的纹样以及材料。通过使用此类材料，将传统文化应用到文创产品中，以此可以有效提高产品本身的文化内涵价值。

（2）具象

所谓具象，通常指利用谐音或者比拟的方式将一些语言表达应用于产品中。例如，太极八卦是我国传统文化中的经典元素之一，一个圆形图案中，以"S"形切割的方式将其分为两部分。该"S"形具有较强的柔韧性特点，同时也能做到首尾呼应，整体风格极具节奏感，从而让人们感受到图案本身的动态连续性特点。

（3）嫁接

所谓嫁接，通常指将一些没有任何联系的行为或者事物通过某种方式结合在一起。设计师在进行文创产品设计时，需要将自己希望表达的信息渗透其中，并促使使用者能够感受其中的信息内涵。而这些设计便是人与产品之间进行沟通的重要媒介，不但能够将材料属性、基本功能以及来源背景展示出来，还可以充分表达产品的内涵和美感。

（三）基于文化元素本身的产品设计模式

1. 产品设计中的"传神"和"达意"

在文创产品中渗透地域元素，其主要目的便是希望可以依靠有效产品对一些无形的文化内涵进行表达。如此一来，地域元素便可以借由产品本身展现文化神韵，促使更多的人群能够感知其意义。一方面能够加强对于地域文化的理解效果，另一方面能够加深对地域文化的基础感情。在针对文创产品展开设计时，理应将多种不同的地域元素充分利用起来，以此可以有效地把握其本身的情感基调。不仅如此，文创产品的设计形式还需要让人们体会地域元素的深层内涵。因此在开展设计活动时，首要工作便是进一步了解地域文化的基本内容，并将其本身的存在价值全部提炼出来，最后再依靠一些独有的符号形式对其进行表达。基于这一情况，相关文创产品的设计工作理应把握其本身的核心价值，从而可以有效地将文化意义和视觉美感结合在一起。

2. 文化元素的语意转换

通常而言,文化元素中的语意转换主要涉及两方面内容,即对于形状和内涵的表达以及造型设计。其中,所谓形状和内涵的表达,其主要是指在进行产品设计时,应当注重色彩的搭配以及整体造型。在处理相关元素时,理应和地域元素的本质联系在一起,以此将地域文化的特色全部展现出来。不仅如此,对于文创产品的内涵的表达时,应当注重其本身的抽象性价值,不能选择表达形式过于直接的符号。所以,在实际设计时,对于其逻辑性特点应当予以重视,从而确保产品含义的表达具有足够的精确性。至于形状和内涵的塑造方法,主要是找出二者之间的联系。一般而言,文创产品主要通过符号的形式进行内涵表达,在进行二者结合的时候,理应通过合理的方式进行转化。

3. 叙事性设计模式

首先,在设计时,理应认识到设计方法的重要性。对于文创产品本身来说,用户自身的体验是其中的重点,设计师理应尽可能融入故事内容,从而可以有效引起人们内心的共鸣。地域元素本身便具备可视化特点,从而能够以十分真实的形象展示在人们面前,以此促使其价值得到提高。而在应用叙事性设计方式时,可以将产品的精神属性和物质属性结合在一起,从而使人们在观察产品时,可以有效体会其中蕴含的思想情感,并与相关故事结合在一起,增强人们内心的感受。

其次,在进行叙事设计时,应当提前为之创设相关情境,通常主要包括"人""环境",以及"物品"。其中"人"代表着用户,"环境"代表着地域环境,而"物品"则代表文创产品。

最后,设计师理应正确选择叙事情境的建构模式,确保广大用户和市场都能够接受。

三、传统节日元素的应用

传统节日在我国有着重要的历史沉淀,也具有丰富的文化内涵,它记录了先民多姿多彩的生活,也蕴含了各地方不同的风土人情。传统节日有春节、元宵节、清明节、端午节、七夕节、中秋节、重阳节、腊八节、除夕等,每个节日有不同的习俗,在人们的心里有着一定的地位和分量,例如,春节时人们通过挂红灯笼、贴窗花、贴对联、发红包等习俗展现节日热闹喜悦的气氛。而这些元素就是文创设计的灵感来源,结合情感化设计思维,让作品有文化符号的寓意又能与购买者产生心理的联动,达到双赢的效果。不同的节日内在的元素也不同,将这些节日元素赋予的应用在文创产品的设计中,不仅能传承与发扬中华历史文化,还能加深人们的民族自豪感。

（一）中国传统节日概述

中国是一个有着悠久历史文化沉淀的东方古国，其中传统节日作为数千年社会生活和文化的记录者，成为中国传统文化的重要组成部分，也是中华民族宝贵的精神文化遗产。从前有众多的传统节日，但沿着历史的河流一直向前，如今，许多传统节日已经随着社会生活的不断改变，有的已经衰退，在悄然间已经退出了历史舞台。就像费孝通先生曾经说的："凡是昔日曾满足过昔日人们的需要的器物和行为方式，而不能满足当前人们的需要，也就会被人们所抛弃，成为死的历史史了。"有的则因为其主体内涵、习俗传说、传统吃食等符合人们一直以来的需求与审美，与人们有着紧密不可分的联系，从而被社会广泛熟知并保留至今。被人们所遗忘的传统节日衰退的原因较多，如过去几年我国对传统文化不够重视、对传统节日文化传播与倡导不到位，以及来自国外节日文化的冲击与挤压等。

随着国家发展的战略方针的转变，对传统文化的重视程度有了很大的提高。其中有关传统节日文化的调整，几项比较重要的举措，如 2008 年将国家法定节假日里加入了清明节、端午节与中秋节；2010 年 9 月由中华文化促进会、节庆中华协作共同发起"中华七大传统节日形象标志创作大赛"，这个大赛也是"将七大传统节日连起来打包申遗"的行动之一。

所以，至今大家认可度比较高，在社会中仍比较盛行的有春节、元宵、清明、端午、七夕、中秋、重阳这七个传统节日。

（二）中国传统节日元素符号分类

中华文化促进会副主席金坚范认为，在当代这样一个全球文化大染缸里，中国传统节日想要被民众尤其是年轻人快速切入，其方式是符号和简易形象。但每一个可以流传至今的传统节日都不是由某一种活动或某一个形象形成的，包括已经不再是主流的节日，它们都经过了千百年的文化沉淀，有着丰富的精神内涵。著名社会学家费孝通先生曾引用著名文化人类学家马林诺夫斯基在《文化论》中的观点："他把文化划分为物质文化和精神文化，借鉴他的方法，我们把中国传统文化符号分为物质文化符号和精神文化符号"（图 3-1）。

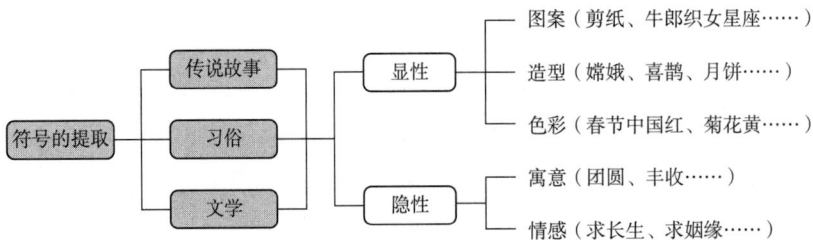

图 3-1　中国传统节日提取元素符号分类

（三）七夕节

农历七月初七是七夕节，七夕节又名七巧节、乞巧节、双七、七姐诞等，是传统综合型节俗活动的集合。

1. 七夕节的起源与发展

为了解七夕节的起源、发展及其民俗文化，笔者主要研究了杨琳老师的《中国传统节日文化》（2000）；韩养民、郭兴文先生的《中国古代节日风俗》（2002）；鸿宇《中国民俗文化：节俗》（2004）和傅德岷、韦济木、马培汶的《中国八大传统节日》（2005）等书。

2. 七夕节元素提取

七夕节的特点元素分为显性符号和隐性符号。显性符号围绕牛郎织女的传说展开，包括传说故事、星辰、喜鹊、鹊桥等。隐性符号包括民众过七夕节的内涵思想与习俗文化：姻缘、乞巧、长寿和生子等（图3-2）。

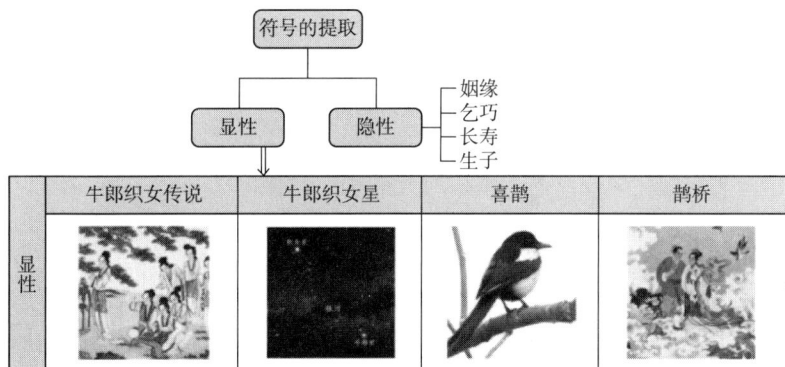

图 3-2 七夕节元素符号提取

（四）中秋节

1. 中秋节的起源与发展

农历八月十五，是我国传统佳节——中秋节。因为节日的时间点，中秋节又被称为秋节、八月节、八月会和中秋节；因为这个时间点内月亮的变化，也被称为月夕；同时由于人们对月亮的崇拜心理和娱乐心理，也被称为追月节、玩月节和拜月节；另外，还有女儿节和团圆节等别称（表3-1）。

表 3-1 中秋节别称

中秋节	时间	农历八月十五
	别称	月夕、秋节、中秋节、八月节、八月会、追月节、玩月节、拜月节、女儿节、团圆节

研究文献发现各学者对中秋节起源时间和原因都有不同的看法，众说纷纭。孙机先生在《中秋节·千秋镜·月宫镜》一文提出了中秋节源于唐玄宗的诞节千秋节的观点；完颜绍元先生编著的《中国风俗之谜》则比较全面、综合地介绍了目前学术界的各种观点；杨琳老师在《中国传统节日文化》中认为唐代便有中秋节之说，只是宋代更盛；王兰兰老师对中秋节的起源脉络进行了大致的梳理。

2. 中秋节元素提取

根据符号分类法整理中秋节的特点元素符号。显性符号包括以月亮为中心发展的嫦娥、玉兔、千秋镜、月饼；隐性符号包括团圆、姻缘、长生和子嗣等（图3-3）。

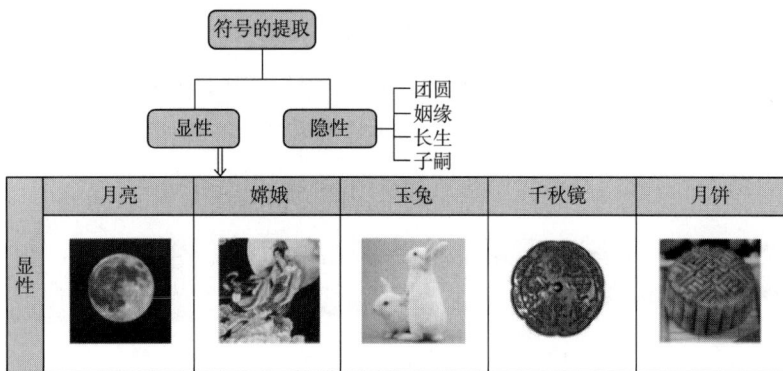

图 3-3 中秋节元素符号提取

（五）重阳节

每年农历九月初九是中国传统节日重阳节。因为重阳节的时间特点又被称为重九节和双九节；同时因为节俗习惯还被称为登高节、菊花节、茱萸节和老年节等。

1. 重阳节的起源与发展

"重阳"之名称得名于古籍《易经》中的"阳爻为九"。在《易经》中，把"六"定为阴数，把"九"定为阳数，又为"极数"，指天之高为"九重"。"九"为老阳，是阳极数，两个阳极数重在一起，九九归一，一元肇始，万象更新。因此古人认为重阳是一个值得庆贺的吉祥日子。在古代有饮宴祈寿之俗。九月初九，日与月皆逢九，是谓"两九相重"，故曰"重九"，同时又是两个阳数合在一起，故谓之"重阳"。明代张岱著《夜航船》云："九为阳数，其日与月并应，故曰'重阳'"。

2. 重阳节元素提取

根据符号分类法整理重阳节的特点元素符号。显性符号包括登高、放风筝、喝菊花酒、吃重阳糕；隐性符号包括健康、长寿等（图3-4）。

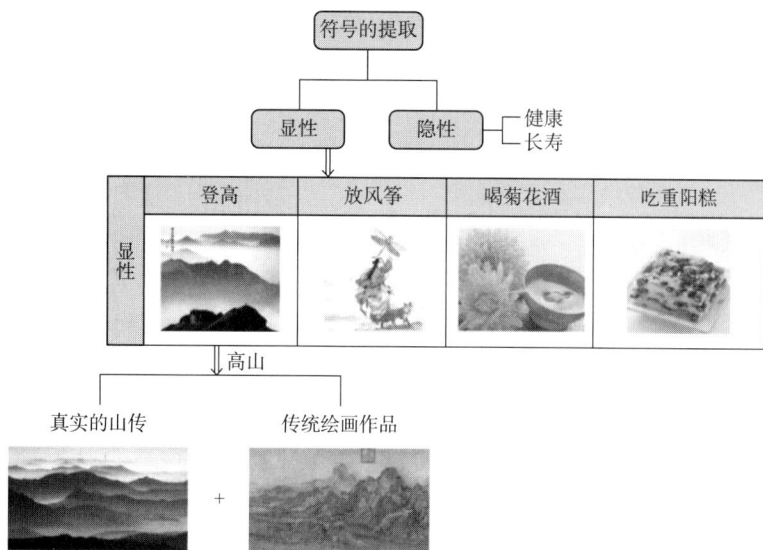

图 3-4 重阳节元素符号提取

四、博物馆元素的提取与应用

博物馆文创产品的视觉设计元素是能够在设计上与受众产生情感上的共鸣，能在文化上立足历史的根源，唤醒人们对于历史的记忆，能够在创意上触发人们对于传统文化的新想法和新理念，从而最终通过视觉设计元素的塑造，来丰富博物馆文创产品的文化属性。

（一）博物馆自身元素

许多博物馆建筑有着独特的风格，成为博物馆自身的名片而被大众所知晓，例如，苏州博物馆、南京博物院、中国国家博物馆、故宫博物院等，独特的建筑风格、响亮的名声、丰富的藏品等都让越来越多的游客流连忘返。其中博物馆建筑风格元素、博物馆Logo元素及博物馆配色元素也丰富了博物馆文化创意产品视觉设计元素的选择。

人类对于文化的创造离不开符号，而符号也是将人与文化相互连接的媒介。苏州博物馆的建筑也作为苏州博物馆的符号，根植于受众内心。苏州博物馆设计制作的建筑风格钥匙扣的设计灵感来源是苏州博物馆的建筑，虽然是对于建筑形象的复制，但是其运用了构成的手法，通过简约的几何形态对主建筑物的线条进行勾勒。将建筑设计师的"中而新、苏而新"的设计理念与几何的构造相融合，在不影响受众理解苏州风貌的同时，将博物馆建筑文化与受众认知的契合运用到文创的视觉设计元素中。

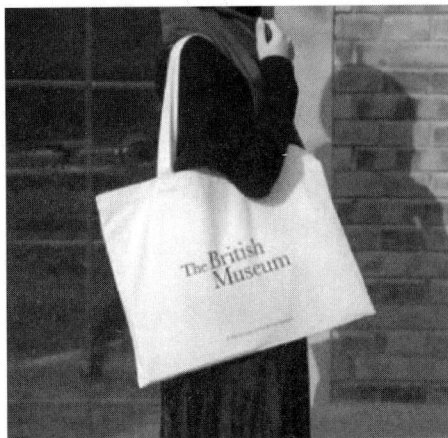

图 3-5　大英博物馆手提袋

大英博物馆则是在其 Logo 上做足了文章，由其设计并发售的大英博物馆手提袋（图 3-5）采用了极简的设计风格，白色的手提袋与黑色的 Logo 形成了强烈的视觉对比，大英博物馆的 Logo 也变得符号化。在大英博物馆对其 Logo 的多种形态变形和应用中，涵盖了大英博物馆的建馆理念、设计思想，以及对于历史的情感和其深入人心的视觉形象。设计是表现情感有意味形式的符号，它对于符号的创作并不是对于个体，而是面向整体的实际情感。这也使大英博物馆的 Logo 形成了博物馆最好的广告，加深了人们视觉识别系统的记忆。

（二）馆藏文物元素

博物馆里的馆藏文物最能够体现博物馆特色，也是最常用的视觉设计元素。每个文物都有自身的文化背景、历史故事和名人故事。在拥有这样背景的文物身上更能感受到从它的背景文化中展现出的古典艺术价值。馆藏文物视觉设计元素的提取，更要掌握如下两个关键点：一是把握文物的造型、纹理、图案、颜色、材质等重要外在因素；二是把握文物的历史事实和文化底蕴。在文物数量上，除现在国内大型博物馆（如故宫博物院、南京博物院，上海博物馆等）外，许多小型的博物馆并不具有较为丰富的馆藏文物。所以对于那些小型博物馆来说，深入挖掘和提炼元素成为资源利用的关键。

纹样元素的提取源于故宫博物院的金瓯永固杯的绮丝妙想·金瓯永固窄长巾（图 3-6）。在设计上以金瓯永固杯身錾刻的缠枝宝相花为创作元素，通过对于博物馆藏品金瓯永固杯中复杂的缠枝宝相花花纹的扁平化的变形，以及线条粗细转折变化来反映图形设计的层次和韵律。将花纹中所传达的江山永固、国泰民安的文化元素融入其中。提取杯身点翠配色，搭配金色、蓝色和红色，金色给人的感觉是高贵典雅，蓝色则是沉稳大气，金色与蓝色的搭配多出现在传统的仪式上，辅助红色点翠，更凸显了颜色上庄重的感受。体现了金瓯永固杯的经典之美与时尚设计的融合。

（三）地域文化元素

博物馆与地域文化及其包含的少数民族元素和名人故事元素有着密切的联系，而且独具地方特色的博物馆因为其神秘的地域文化风情更成为游客们争相游览打卡的聚集地。

在设计的过程中，博物馆文创产品视觉设计元素的选择可从地域文化中汲取灵感，用适合地方特色和地方风情的代表元素、代表纹样等来充实视觉设计元素的选择，从而达到历史文化与现代认知的契合（图3-7）。

图3-6　绮丝妙想·金瓯永固窄长巾

图3-7　秦小勇、秦小萌、秦小聪系列文创产品

由敦煌研究院设计制作的妓乐天伞具（图3-8）颇具敦煌地域风情，它采用了敦煌飞天这一图案元素，通过色块与线条相结合的手法，将飞天这一传统元素归纳出来。色彩是地域文化中最突出的设计因素，敦煌的壁画中更多的是对色彩和线条的掌控，而波普风格则能更好地通过线条与颜色上的变化和搭配给受众更为直接的视觉冲击。在同波普风的结合上，展示字体方面则是运用了非衬线英文字体变形，紧凑的字体间距与夸张、疏朗的图形形成强烈的对比，体现了设计感。色彩上配合红、青、金三色的搭配方式，更是波普风用极少的颜色对比来展现最大的视觉冲击的有力佐证。整体给人东西融合，神韵盛隆的感觉，这也是敦煌文化给人们留下的最深刻的印象。

图3-8　妓乐天伞具

这些博物馆视觉设计元素将作为设计师灵感的来源，通过对于这些元素的设计，将

他们形成物质与精神合一的艺术符号，用来触及消费者的心灵，从而达到历史文化与现代认知相契合的目的。

五、民间工艺元素的应用

常见的民间工艺有景泰蓝、玉雕、刺绣、中国结、剪纸、琉璃、髹漆、木雕、竹编、泥人、年画等，无论是哪种民间工艺美术，都有着深厚的文化底蕴和魅力，这些工艺品种类繁多、造型别致、形态优美、制作精良，例如，民间剪纸，以创新的手法跟随时代的印记，结合玩具的设计理念，出现在大众面前，把传统的形式用年轻人喜爱的方式表达，不仅给剪纸艺术带来了生机，还能让年轻人进一步了解这项艺术。

（一）中国传统手工艺的基本概念及分类

1. 中国传统手工艺的基本概念

我国是世界文化大国，自身拥有丰富的文化艺术资源，经过岁月的打磨，已经形成博大精深的传统文化体系。而传统手工艺具备时代性特征，主要是指工业发展之初，人们采用手工制作方式，对单一或多种材料通过不同工具、不同加工手段使原有形态产生变化过程及结果的工艺美术。我们能够将传统手工艺发展历史分为三个阶段，即古代时期、近代时期以及现代时期。在原始社会时期，人们利用石头、树木等原材料进行工具制作，这也是人类手工艺发展起源。从农耕文明时期过渡到工业机械化时期，传统手工艺一直是传统生活方式、经济生产方式的重要组成部分；从近代到现代的过渡，传统手工艺关注度有了全面提升，它作为有效传播载体，将宫廷工艺和民间工艺的使用价值和审美价值全面展现出来。在不同历史发展周期，传统手工艺记录了不同生活状态下的社会背景、工艺技术等，它对人类的物质文明和精神文明建设的推动有着不可磨灭的作用。

2. 中国传统手工艺的分类

传统手工艺在各地民族、信仰、自然条件等因素作用下呈现出千姿百态的地方特色，对于中国来说，经过历史文化的积淀，创造的传统手工艺流派纷呈、品类繁复，因此，根据不同的划分标准，中国传统手工艺也可以划分为多种类型。

根据工艺材质不同，传统手工艺品有纸制、竹制、木制、泥制、陶制、草柳等。根据制作工艺不同，可以将传统手工艺分为印染类、塑作类、编织类等。

按照使用性质不同可以分为两类：一类是具有生活实用特性的传统手工艺。比较常见的如陶瓷、编织、木质制作的生活用具；蜡染、扎染、刺绣的衣服鞋帽、饰品；手工木雕、砖雕、石砌的建筑饰件等。这类传统手工艺品是通过对实用器物的装饰点缀来展现人们对生活品质的高要求。另一类是带有玩耍以及观赏性特征的传统手工艺。比如，剪纸、泥塑、年画、屏风、铁画、烙画、扇面花等观赏摆件；风筝、木偶、皮影、民间传统玩具、香包、花灯、空竹、风车、乐器等玩耍物件；用于竞技和武术、花会表演和庙会、游街彩车所使用的器械、道具、乐器等。这些传统手工艺品的最终目的是满足人们对于装饰和审美需求，很多情况下，这也是一种特殊的风俗习惯，是以满足精神需求而创作出的比较纯粹的艺术品。

（二）中国传统手工艺的艺术特点

1. 传统手工艺的民族性

传统手工艺是我国几千年来社会、经济、政治、文化共同发展的产物，也代表着我国各个时期的时代特性。从时间角度分析，传统手工艺体现了不同时期的民族特色、地方特色和文化特色。从空间角度分析，传统手工艺融合了中华五十六个民族的工艺美术特色。每个艺术品都有其个性，从装饰纹样、造型色彩、技艺制作上都显示了传统手工艺的独特性，也展现了传统手工艺的民族性。

中国传统手工艺具有丰富的中国传统文化民族特征以及区域特征。以传统手工艺布老虎为例，由于各地区的风土人情不同，布老虎呈现的形态也不尽相同。山西的布老虎气势威武，四肢健硕；陕西的布老虎一般都使用"五毒"图案；山东布老虎形态比较乖巧，更像是小猫，但依然能够体现百兽之王的威猛。由此可见，不同地域的传统手工艺表现的工艺美术风格截然不同，却又相辅相成，从而形成了地域的独特性，而中华民族性的体现正是地域性的和谐统一。

中国传统手工艺作品也表达了劳动群体对美好生活的向往与追求。古代的手工许多颇具乡土气息和乡土情趣，没有浮华和夸张。春节贴门神、墙上贴年画的习俗至今依然被保留，其形成于民间，赋予了人们"新年吉庆、趋凶迎祥"的美好夙愿；而带有中国风的风筝一般也以吉祥、祝福的图案为主，这也体现了人们对美好生活十分向往；布老虎是一种传统的手工艺玩具，以老虎形象为依托，一般老人会在孩子出生的时候将其作为礼物送出，希望孩子能够健康、快乐地成长……这些传统手工艺凝聚了古代劳动人民淳朴的思想情感和对美好生活的憧憬。

传统手工艺与民间文学、民间戏曲有效融合。以皮影戏、民间戏剧为核心的文化表现实现自身带有现代主义与浪漫主义的丰富内涵，代表作品包括民间传说、童话寓言等。元宵节挂花灯的习俗我们至今仍在沿用，不仅生活气息浓厚，而且带有明显的"傩戏酬神"功能，每逢佳节，人们用其进行祈福、祝祷，希望美梦能够实现。

总而言之，中国传统手工艺具有独一无二的本土特征。浓厚的乡土风情是劳动人民内心本质美的体现，独特的民族风格是纯粹的民族精神的表现。二者之间，达到了和谐统一的发展，是维系民族情感的重要纽带，是劳动人民淳朴感情最直率、最真诚的表现。

2. 传统手工艺的传承性

传统手工艺拥有高超艺术水平，而且也是对传统文化的全面传承。可以从以下三个方面对传承性做出解释。

首先，手工艺人掌握了大量与传统手工艺技艺相关的精髓。早在农耕时期，传统的手工艺人就利用自身智慧与艺术，将经济收益价值全面体现出来。而在传承工艺技术条件下，在工艺产业发展时间越长，累积的经验越多。尤其是刚入门的新人，必须进行传统工艺技术的改善。不断传统与发展手工艺艺术，综合考虑社会以及自然环境因素所发挥的影响作用，在提高主观能动性的同时，也可以培养传统手工技艺快速发展。对应阶段内，只有不断生成新工艺，才能满足传统手工艺艺术的提炼需求。

其次，传统手工艺承载且融合了众多中国传统文化元素。在传承过程中，书籍史料的记载将传统手工艺的精华得以保存流传，如《考工记》《天工开物》等。以传统手工艺作为传播载体的文学、戏剧等作品仍广为流传。

最后，传统手工艺传承了众多民族性要素。以生活艺术为核心，更多地将民族精神全面体现出来。在累积丰富发展经验的同时，使世人可以全面了解本土文化特征。

3. 传统手工艺的实用性

实用性是传统手工艺能够满足可持续发展需求的重要条件。很多情况下，由于失去了实用价值，手工艺品也会因此不再具备强大生命力。手工艺最初的产生是人类日常生活的需求，以长期使用为目的，手工艺品必须具备耐用的性质。例如，西汉时期打造的"长信宫灯"，不仅外形美观，而且设计十分富有特色，外面是宫女的铜像，中间部分是镂空的，右臂仿佛举着灯罩，左臂则拖着灯管，燃烧过程形成的油烟都通过右臂进入铜像体内，灯体的挡板可以随时对光照强度进行调解，这样可以达到最佳的防止空气污染的效果。不可否认，这是一个生活用品与工艺品的完美结合。而汉代的漆奁盒也称多件盒，有七子、九子和十一子等多种类型。在一个圆形的盒子中，包含了多个形状各异的小盒子，考虑实用性功能，这样不仅节约了空间，而且起到了装饰作用。将实用和美观结合为一体，在满足使用功能需求条件下，传统手工艺价值也得到全面传承。为后人学习及借鉴优秀的设计思想，并设计出更多满足当代日常所需的手工艺品奠定了基础。

第三节 传统文化在文创产品上的应用调研与设计实例

一、现有中国传统文化文创产品分析

近年来关于传统文化产品的发展大致分为三个趋势，一是传统文化的典型设计；二是创新科技的融合；三是情感、精神内涵的提炼。

第一种典型设计产品的功能大都比较单纯且与电子无关；第二种与科技融合的大部分都可归属于电器类产品，包括灯具、音响、智能保温杯等其他小家电产品。经调查发现，市场上 60% 的与传统文化相关的文创产品都属于第一种典型设计类。这类产品的整体设计、开发与生产周期都较短，并且成本不会过高，是商家与制造商非常喜爱的一类文创产品。但与科技类的产品相比，这类产品中的某一部分产品在功能性上存在不足之处或是功能过于简单又不具有装饰品的美观性。这类相似产品的大量生产，导致消费者最终对其失去兴趣。所以这种典型的文创产品与科技类的产品应当相互配合地设计生产，这样才能对传播文化起到更好的推动作用。

二、文创产品设计的现状及存在问题

1. 文创产品设计的现状

文创产品设计是工业设计领域的重要组成部分，它是文化传承的载体，是文化与科技融合的产物。许多国家在文化创意产业领域已经取得了显赫的成绩。例如，日本文化创意的跨界应用精细化、传承化；英国文化创意的 IP 形象多元化、科技化等。在大趋势的引领下，国内对于具有文化内涵的产品需求与日俱增，能够彰显其文化特点与风格，使文化创意产品越来越受到消费者的喜爱，文化创意产业也正向着多元化、趣味化、综合化方向发展。

2. 文创产品设计中存在的问题

国内文化创意设计处于起步摸索的初级阶段，设计提炼等环节存在以下问题。

一是表层化使用传统元素符号，并未深入挖掘传统文化符号的意义。图案花纹经设计加工以复制贴图的形式运用于产品中，虽让人产生观赏性错觉，却失去了产品本身的文化传播意义。

二是片面追求产品观赏性，忽略产品的实用性。在文化创意产品设计中，虽然很多设计具有较好的观赏性，但少有实用性与功能性的考量。

三是产品造型过于单一，缺乏创新设计。一些跨领域融合的文化创意设计通常会受到行业技术指标的约束，一定程度上限制了设计者的创造思维，使产品缺乏创新性。

三、传统文化元素提取与产品定位

（一）挖掘所研究对象的文化深度

文化创意产品的特点在于文化属性对整体设计起决定性作用。创作过程中需坚决抵制对所研究文化背景不了解、不深刻的情况，避免低水准的造物设计。应全方位、深层次地对其内涵进行挖掘，通过透析文化的内在底蕴，以通俗易懂的重构形式将其表现。此外，设计中对于文化深度的表达还需"形神兼备"，即文化内涵的外在形态表达与文化元素的内在底蕴同时具备。

（二）选取代表性文化元素进行提炼

代表性文化元素，既是研究对象的专属文化特色，也是文化创意产品的精髓所在。当下文化创意产品同质化严重，其主要表现为种类稀少、造型单一、形式套用，机械化地将设计附着于产品之上必然会使消费者逐渐失去购买兴趣。需要对专属文化中的物质形态与意识形态进行剖析，只有提炼代表性元素才能打造出具有差异性与独特性的产品。提炼文化中的典型元素需通过大量的资料查阅和设计者本身对于文化的理解。具象符号意象化，即将烦琐的传统文化符号以抽象提炼的设计手法进行重新构建，创作出简洁的语义元素融入产品中。

（三）找准现代化产品古今融合提炼

具象物质文化中的代表性元素，使其与现代产品进行形态、功能整合，以表达文化内涵，改善以用户体验为目的古今融合设计，顺应现代产品趋势，满足人们的生活方式与审美需求。进行融合的前提是找准目标载体，即选择与文化内涵高度匹配的现代载体。既是产品视觉形态的融入，也是研究具象物质文化在产品功能上的间接迁移。传统与现代结合并不局限于载体的选择，也可以将文化融入体现时代特征的材料工艺及科技美学中，多方探寻传统与现代融合的关联点，在展现传统文化魅力的同时，给予人们现代化的人文体验。

（四）审视文化特色并进行修饰

产品设计对传统文化的传承和创新是民族情感的表现，体现在有形的物质符号和无形的精神内容上，基于传统文化语境的产品设计可以从形态、生活哲学、意境、色彩、材料、传统工艺、图纹等方面去表现文化内涵和情感。CMF（Color Material Finishing）设计的作用是为产品赋予表情，在实现结构功能、塑造外观形态的基础上具有更多美感。要在创作后期使文化创意设计更出彩，还需重新审视文化特色，通过修饰设计为作品加分。

四、设计案例

运用传统文化与文化创意产品融合的设计方法开展实践。拟定文化为传统埙乐文化，以香薰为现代设计一款文化创意产品。

（一）埙乐文化的特征

埙是中国特有的古典乐器，迄今约有 7000 年的历史。音色朴拙抱素独为地籁，在世界原始艺术史中占有重要地位。由于埙乐器发音特色质朴、沧桑，所以埙乐器被大众认知为适合表达幽怨孤寂之情的特色乐器。白居易曾写道："朱绂宠光新照地，彤襜喜气远凌云。荣联花萼诗难和，乐助埙篪酒易醺。"因此，埙作为中国历史中最为古老的乐器之一，其音色表达的情感也随时代变迁而不断蜕变。

（二）以香薰产品为载体

"乐助埙篪酒易醺"描述了宫廷焚香奏乐庆祝佳节的历史传统。埙乐文化选择现代香薰产品为载体进行融合，就是将埙乐特色、制埙工艺与香薰本身的香氛属性通过提炼听觉、视觉与产品本身的嗅觉感官进行形态功能的融合，以崭新的使用体验对消费者进行潜意识的文化传播。

（三）埙乐文化创意产品设计的思路

深入研究埙乐文化并找准现代结合的目标载体后，古今融合与文化特色修饰就成了设计的核心问题。结合作品《乐埙》从文化创意设计角度出发，阐述其设计思路。

1. 与制埙工艺结合打造产品形态

一款好的香薰文化创意产品可通过外观造型、产品样式、主体颜色等视觉特点获得所要传递的文化理念，将文化内涵提炼至产品的外观形态中往往需要深入探究元素背后所蕴含的文化特色。《乐埙》的形态外观灵感源于《乐书》对制埙工艺的描述："埙之为器，立秋之音也。平底六孔，水之数也。中虚上锐，火之形也。埙以水火相和而后成器，亦以水火相和而后成声。"设计时提炼制埙过程中水形与火炼的阴阳特性，主体设计呈水滴状。提取火焰元素，设计"中虚上锐"的外壳造型，以镂空处理方式表达火焰燃烧升起的状态。色彩方面，产品主体采用秦汉时期水德文化的象征色——玄黑，体现了埙乐文化的悠久历史。外壳运用中国传统代表色之一的藏青来彰显古典韵味。

2. 与埙乐结合打造多感官产品功能

将埙乐文化的音乐属性以产品功能的形式赋予设计是一种使用体验的创新。《乐埙》在原有香薰的产品功能上通过增加音乐满足埙乐文化核心特色的同时，也将香薰文化创意产品的感官体验提升到了新的高度，《乐埙》集嗅觉、视觉、听觉三感官于一体，给用户带来不同的使用体验。

研究表明，音乐结合香味有助于缓解痛苦，改善睡眠质量，促进身体健康。满足了兼顾整日忙碌的上班族以及注重身体健康的老年群体。

第四章 文创产品设计的创意思维

第一节 创新思维的途径

一、设计思维模型的创新

文化创意产品的设计除了功能性或美观性的设计要求外，更加注重文化精神内涵和认知感性的表达，以及对设计的体验与感动。在文创产品的设计中，以诠释文化内涵并兼具创新概念启发的设计方法显得尤为重要。本研究以文化创意产品的设计为主要研究对象，提出以抽象设计思维模型进行思维发散，利用完形心理学设计推导与收敛的方法，以突出文化创意产品的情景脉络文化性。

（一）设计思维模型

从文化创意产品的设计层次看，外层代表有形实体，中层代表行为习俗，内层代表意识形态，它们之间存在金字塔式层次关系。通过设计语义的表达和用户的解读，形成产品的独特创意，由此发展文创产品的实用价值及产品的内在附加价值和文化价值，这也是文化创意产品设计中最有价值的部分。思维的发散，始于设计师头脑中迸发的灵感，呈现设计师的精神世界，设计思维模型作为体现设计师思维过程的直观形式，能够辅助设计师从多方面发挥创意，提升文化创意产品的层次。

文化创意产品的设计是复杂的创新活动，是设计师的思维模式与设计进程、设计策略的交互、推理、搜索等综合作用的过程。文化创意产品的文化价值体现，会受到设计师思维方式、设计过程组织习惯和设计策略偏好的影响。"分析—综合—评估"被认为是设计思维模型中最常见的进程模式。"分析"是问题的整理和结构化，将可用的信息进行分类，探索各种可能的关系。分析过程是为了认知设计对象的本质，在发散思维的支配下，设计师可能将设计任务的关注点横向扩展至多个点，也可能从一个设计概念跳跃至另一个设计概念，对问题空间实现宽度的延伸，主要用于激发更多的原创性和可发展的设计概念。

分析的过程随着对设计概念的可行性评估，设计师可能会对某一概念转向深入挖掘，结合不同设计关注点进行逻辑分析，进而发展为较成型的设计概念。

"综合"是把分析阶段梳理出的关系进一步考察和联结，尝试对设计问题做出可行方案。在综合阶段，设计师的思维进行收敛，设计焦点从多个方面聚焦，融合成一个或多个可行方案，用于设计想法的有效性评估和将其转换为具体的结构。这个过程中最容易激发创造性概念及方案的产生。

"评估"是判断所提方案的优劣，评价方案与设计目标的一致性及可行性。在评估过程中，发散和收敛思维同时存在于设计师思维过程中，对备选概念的可行性进行评估。

设计创新始终贯穿于"分析—综合—评估"的设计进程中，从分析问题开始，进行方案的设计与评估，从不断的循环转换中实现创新概念到具体实现。

（二）符号学与完形（从层次完型对思维模型具体化）

文化创意产品从对事物的感受与体验为起点，呈现于设计师内心活动的外观。这种意念的表达和传递，不仅需要设计师创造性地表达对世界的感悟，而且需要将这种情感体验通过产品转换、传递、分享给用户。文化产品中彰显的文化要素，应当具有故事性的展现，引导用户理解设计语言。

从符号学的视角来看，显性的文化知识可以理解为文本。文本是知识转移、转译、转化的重要源头，也是表现、传递文化的重要环节。狭义的文本可以认为是诗歌、散文、小说等人类社会中与语言结构相关的体系；广义的文本则可以认为包含了绘画、音乐、影视、摄影、建筑等广泛的艺术、流行、民俗等文化产物。文本具有自身的脉络和结构规律，不同的文本之间相互交织，其脉络可以形成新的层次关系，因此，在文化创意产品的设计中，将不同的文本作为创意的元素，交互与激发，可以呈现出不同维度的思维延伸，最终使设计作品存在多重可能性。从不同类型的文本出发，设计师运用联想能力，容易将零散的创意转变为系统的创新，衍生出不同层次属性的设计概念，完成"分析"过程中概念的跳跃，从而发展设计思路。

完形心理学解释了人类的视觉刺激与意识的关系，通过图像的偏好和不同类型的刺激，使人们产生对事物的认知概念。完形一方面体现在形状、形式等物理属性，另一方面体现在完整、整体的心理概念。不同的刺激源交互产生的脉络关系引起了不同的联想，激发设计概念形成故事情境，衍生出不同的产品设计方案。层次完形的树形结构，如

图 4-1 所示，其中层次 1 的 X 为完形元素，元素可由立体思维模型中的不同层次选取要素，这个过程具有开放性，设计师的选取原则和文本的感知力对完形具有较大的影响。由层次 1 的 X_1，X_2 进行联想，衍生至层次 2 的 Y_1 元素，连接成为设计脉络，以此方式向上联想收敛至 W_1。脉络的衍生基于元素间的共同特性，每一次完形收敛都是思维的创新。

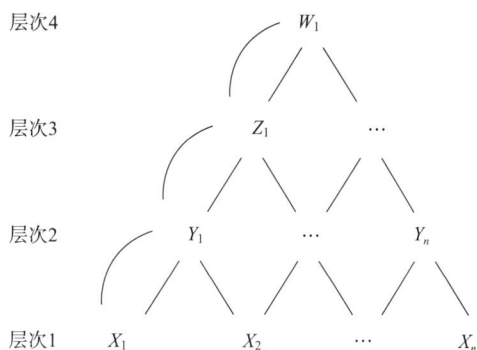

层次4 W_1
层次3 Z_1 ...
层次2 Y_1 ... Y_n
层次1 X_1 X_2 ... X_n

图 4-1　树形结构

（三）从设计思维模型到层次完形法的设计过程

设计思维模型与层次完形设计方法，共分为分析、综合与评估三个阶段，分析阶段中以头脑写作为思维发散的主要方式，收敛后构建设计思维模型；综合阶段以层次完形方法为依托，拓展并形成创意树；评估阶段中以创意树为基础进行逻辑分析与筛选，将元素故事化和产品化，呈现最终的设计结果。

1. 分析过程

整个分析阶段以思维发散为主，设计概念经过产生、初步发展和初步评估，保留有价值的概念，去除不适合的方案。

传统的头脑风暴，可能会出现某一个人或几个人引导讨论走势或限制思路的情况，当进行思路分享时，其他人灵感乍现的创意可能会因为发言时间的关系而被遗忘，因此，研究采用了头脑风暴的一种变异形式，即头脑写作。成员在过程中一边将自己的想法默写在纸上，一边彼此传阅，开辟思路并继续添加新想法。这种方式避免了传统头脑风暴中的问题，可以增强讨论组成员间的合作与互动。通过头脑写作后产生的大量创意和想法，需要进行要素的归类和筛选，以一定的逻辑关系进行梳理。在分类的素材中，构建设计思维模型，模型的形式可多样，但需要以内在的逻辑支撑模型各部分的构架。

2. 综合过程

综合阶段多为发散和收敛思维方式，通过提出不符合原理解及类似方案等手段，有序地逐步具体化和减少设计方案，方案空间呈现整体缩小趋势。

在文本的本体、喻说的喻体、完形的脉络关系架构上，根据创造力的开放性质以及观察的再创造行为，形成层次完形思维模式，以创意元素、创意脉络和层次完形作为主要思维模式要素，进行设计思维的联想、拓展和发散。

在设计思维模型中选取文本信息和图形信息作为完形元素，既可以是神话、传说、民间故事、音乐、歌曲、舞蹈等，也可以是服装、色彩、摄影照片、建筑等。完形过程中需要注意：选择能够发挥联想的元素；将最能引起情感共鸣的元素置于树形底层结构的中部；具象元素和抽象元素相间排列；较容易产生联想的元素相邻排列。

3.评估阶段

评估阶段有意义地评估各个方案的优劣性，逻辑分析与优选为详细设计阶段提供最优的可继续发展的方案群。从树形图中梳理自上而下的故事线，将树顶部最有可能实现的元素作为起点，引出涵盖的层次完形元素，发展故事线。剔除故事脉络中的冲突元素，筛选出符合设计主题要求的最佳层次完形概念。在故事线中，将层次完形元素图形化处理，形成视觉化设计元素以完成造型语义，融汇出整体造型与创作意象。在团队合作中，因个人经验、文化内涵、知识背景的差异，同一元素下产生的层次完形也迥然各异，不同成员之间的思想碰撞同样会激发更多的创意，同一文本多元表述，使创作方向更加多元。故事化的处理方式可以形成丰富的设计表达和设计方案，从设计的可实现性角度审视元素的合理性，完善树形图中的树干（创作主题或故事类型）、树枝（创意脉络长度或故事情节）和树叶（涵盖面向或参与角色），完成产品的设计。

二、创意思维的创新

创意思维是指创造性的想法，在文创产品的创作中，设计师的创意思维是设计过程中不可或缺的一部分。设计师对传统文化进行提炼、创作，结合目标消费人群的价值取向，将再创作的文化符号与实用产品紧密结合，做到满足物质和精神的双重需求，创造出符合市场与消费者青睐的产品。一般，我们将创意思维分为用户思维和产品思维，合理地运用设计手法，目前，市场上大多文创产品缺乏真正意义上的创意思考，没有从大众生活入手，这样的产品设计很难融入生活，受到大众的青睐。而文创产品本身是设计师创意能动性的表现，本文通过对创意思维的分析，简述创意思维如何在文创产品设计中得到有效应用。

（一）传统文化的探索创新

民族文化是现代文创产品的瑰宝，借用传统文化也是设计师创意思维的源泉之一。好的民俗传统文化应该被传承，但是如何借用传统文化，更好地打造文化产品是设计应该考虑的问题。设计需要在文创品牌设计系统中塑造生动、鲜明的具有时代性的个性形象，才能获得较高的关注度和认可度。不能生搬硬套，更不是简单地将一幅中国传统山水画印在文具、书包上，或是给产品硬套一个奇怪的故事，这不是文创设计，只是简单地拼贴套用，不能称为文创。真正的文创是将文化和产品通过设计，有创意、有方法地融合，拥有自己的故事，这样的文创产品才会引发关注，赢得市场。设计时对传统文化需要进行保护性的开发，哪些需要传承，哪些是可创新的部分，哪些适合市场载体，均是需要考虑的部分。

例如，近年来比较成功的文创产品故宫博物院的小乾隆的设计，运用拟人化的手法，将茶壶与乾隆的形象相结合，搭配传统的色釉工艺和特色的纹样图案，使人印象深刻。将人们耳熟能详的产品进行二次创作，与实用产品相结合，形成具有代表性的文创产品。这样的文创产品很好地借用了广为人知的乾隆形象，且对乾隆形象做了创新，却又不局限于形象的改变，在壶身、壶底都借用了清代的传统艺术。

又如，南京创意手工皂同样将传统文化与现代肥皂相结合，用肥皂串起了南京城。这套文创产品名为"皂访南京"，利用雕刻工艺，在手工皂上刻画出精致的南京面貌。一共十组，每组手工皂拥有一段属于自己的南京故事，例如"一帆风顺""两泉其美"等。"一帆风顺"讲述郑和宝船的故事，"两泉其美"则赞美了汤山温泉。设计师运用传统文化，将肥皂作为载体，讲述了南京故事，让人眼前一亮，在兼顾了其艺术性的同时，实用价值也没有被削弱。

（二）文创产品形式的创新

科学技术的进步，使得文创产品不再局限于普通样式，而是可以拥有更多的呈现形式。通过设计师的创意思维，运用当代新的科技手段，赋予它新的形态表现形式和新的功能，从而达到古为今用的效果。对不同物品的解构、重组，产生出多种多样的元素，而将这些元素再进行重组排列，实现具有文创产品多样的形式表达。从而获得一件或者多件具有特色的新的产品。

例如，杯子音响，运用现代科技，将杯子与音响相结合，通过手机蓝牙使杯子不再只有喝水的功能，还能听音乐，也打破了音响的造型禁锢，有了新的形式的表达，给音响带来更多可能；并且随着杯子材质、大小的不同，音响传递出的音质也会随之变化。这是设计师的创意与现代科技的展现。

（三）用户需求的思考

文创产品应该建立"用户为中心"的思想，设计师理解用户需求，运用巧妙的创意设计，更好地服务用户需求。用户人群的不同，所涉及的产品应该也有所区别，设计时应该深入了解用户的文化内涵、生活习惯以及对审美的需求，建立在用户真实需求的基础上，进行文化的创意思维发散，设计出实用美观的文创产品，这样的产品才是适宜的，才会被特定的用户人群接受，最终实现其商业价值。如今许多的文创产品一味地追求艺术性，而忽视了产品的使用功能，反之也是同样的道理，均没有从用户的实际角度考虑设计文创产品。因为文创产品区别于普通产品的一个重要方面是，对于文化的传承与创新。

例如，中国台湾地区的阿原肥皂，其没有华丽的包装，也没有与众不同的技术作为产品支撑，却牢牢抓住了使用用户的信赖，依靠的是对用户需求的尊重。现代的浮躁社会，急功近利的企业产品太多，消费者的需求是自然健康的产品。阿原肥皂为了保证原材料的纯正，开了农场，产品制作过程中也杜绝了工业水，保证生产的产品健康纯天然，洗过的水也可以流进大山，不会对环境造成污染，形成良好的自然循环。这展现的是品牌对用户的关怀，对生长土地的关怀，以及对社会的关怀。阿原运用朴质的创意和美学，打造了文创产品，并始终将用户的需求放在首位，最终赢得了消费者市场。

（四）互动式体验设计

互动式体验设计也是现代文创设计的一个发展趋势，运用设计的创意思维，增强消费者与文创产品的交互关系。让消费者真正融入产品中，更好地了解产品的性能，体会到文创产品的文化内涵。设计师通过创意的思考，让产品与消费者产生互动。在互动过程中无形加强了产品的文化属性，体现其文化价值，消费者不仅获得了视觉的冲击，在其知觉和触觉上有了进一步的感受，更容易产生文化共鸣，从而引发其购买欲。

例如，韩国设计的一款茶具，名为"阴晴圆缺"；这套茶具的特点在于陶瓷碗的茶杯设计，每个茶杯的底部都有一个缓坡形态的凸起部分，用户在将茶壶的液体倒入茶杯时，会因为注入液体的容量的不同，在杯底呈现不同的形态，营造了月满盈亏的意境。用户在饮茶时可以感受到阴晴圆缺的变化，这样的设计看似简单，实则巧妙，设计师运用自己的创意思维，变化的阴晴圆缺使用户与产品产生情感共鸣。

另外一个例子是 Snurk，一个荷兰的家居品牌；设计师将可爱、奇幻的图案印在了与孩子朝夕相处的床上用品上（如被子、床单）等，让孩子与这些产品产生互动。在被子上印上宇航员的图形，为孩子盖上被子，孩子便可以化身为可以翱翔于天际的宇航员，仿佛置身于童话故事。Snurk 使人们习以为常的被子与用户产生互动式的联系，成了一个造梦者，给每个人带来触手可及的梦境。

第二节 创新思维方法

一、情景整合法

情景整合法文创产品的设计过程既是一个为文化寻找合适存在形式的过程，也是一个将文化进行有效传承的过程。情境整合是文创产品设计过程的全新设计理念，其更加符合文创产品的特殊性，也更加能够体现"以用户为中心"的设计原则。通过情境的分解与整合，情境整合设计理念可以更准确地把握文创产品在用户心中的定位，让用户在使用产品时更好地去感受和接受文化，从而实现文化的交流与传承。

（一）文创产品的情境

1. 文创产品的情境空间

文化创意产品的情境主要包括三种：第一种为产品的本身，第二种为消费者，第三种为环境，确切地说是产品系统与外部环境所发生的交互关系。产品本身大致包括两种：一种是产品的硬件载体，即产品最为本质的物质基础；另一种是附加于产品之上的文化内涵。消费者在使用产品时会不自觉地体会由此而产生的情感共鸣和记忆联想。产品本身所具备的情境空间是被动的，需要消费者去感受和体会，不过其存在的缺失无法否认，更不能被忽视。

文创产品的第二种情境空间便是人，也就是消费者所生活的现实空间。这类情境空间包括当下人们的生活方式、消费理念、思维习惯、价值取向、文化认同等，这些内容都产生于人，同时也深深作用于人。每个人都要受到其所生活的现实空间影响。这类情境空间是主动的，表达着不同的人内心中不同的精神追求。

第三种情境空间所指的环境即消费者在使用产品时所处的环境，也指消费者与文创产品之间的交互关系。相对而言，这类情境空间对于设计者而言较为难以把握。因为这类情境是动态的，也是非常变化无常的。很多消费者在使用同一产品时，会表现出截然不同的情感体验。但这类情境空间却也是文创产品成败的关键，只有真正激起消费者情感体验，让消费者的精神世界与产品情境产生交互关系的文化创意设计才算是成功的。这类情境空间虽然难以把握，但并不意味着无法把握。人对于某种文化元素所产生的反应往往是有规律的，既会受其所处的现实环境的影响，同时也会受产品本身的影响，作为设计者，应当在设计过程中注重将几种情境进行合理性整合，以便让文化创意设计的效果达到最佳。

2. 文创产品的情境分解

分解是组合的前提，只有清楚地将组合在一起的不同情境分别进行认知，才能将不同的情境进行最佳组合。文化创意产品区别于一般产品，其情境复杂性较高，设计者在设计时既要考虑实际产品所拥有的情境，也要考虑附加于产品之上的文化创意所处的情境，更重要的还要考虑到产品与消费者之间的交互关系。如此复杂的情况下，设计者首先对情境按照不同类别进行划分极为重要，其次在合理区分不同情境类别的基础上进行重新建构，将产品置于不同的情境进行结果评估。综合性考量产品在不同情境下的评估结果，继而将产品的情境进行组合，定位产品最为正确的目标消费群体，让文化创意产品的用户体验达到最佳状态。

（二）文创产品设计过程中情感整合理念的应用原理

1. 设计的可整合性

整合的目的在于创造，要将原本不同的两个或两个以上的个体以某种方式结合成一个新的有机整体。这个整体既有可能保留原本每个独立个体所拥有的特征和属性，也有可能在此基础上形成全新的功能和属性。前者只需要机械化地组合便可实现，而后者则往往需要更为深入的整合理论的应用，以使原本不同个体之间产生一定的"化学反应"。情境组合理念是基于设计的可整合性而存在的，设计者在进行不同情境的组合之前，首先，要考虑不同情境之间是否具有可整合性，即是否具有可联结性。其次，从整合结果的假想角度考虑，整合后的整体是否具有边界性、功能突显性。最后，根据实际情况考虑情境组合过程中的界面选择性。对于文化创意设计过程而言，设计者要考虑实际产品的使用功能与附加于其上的文化创意之间是否有着相关的联系，并且这种联系能够被消费者所认可和接受。组合之后的产品要在空间上具有边界，产品功能可以满足消费者的使用需求，且文化创意能够满足消费者的精神需求，两者的结合可以让消费者产生强烈的心理认同和情感共鸣。

2. 空间整合理论

此处所谓的空间并不是物理学或数学范畴的空间概念，而是一种人与人在思想和理念交流过程中，彼此可以形成交集，用于储存临时思维成果的区域。人们在看到某种事物或者听到某种理念时必然会形成一定的思维反应，即会形成一定的思维成果，而这一思维成果并不一定会立即嵌入人的既有思维和价值体系中，而是会单独存放于一定的思维区域，也就是所谓的空间。消费者接触文化创意产品时必然会对其产生一定的思维反应，而由于文化创意产品蕴含一定的文化内涵，这些文化内涵会引起消费者既有文化认知系统中的一定回应。在消费者的思维空间中，文化创意与消费者的内心世界所产生的回应会形成一种组合，消费者会不由自主地将这种组合进行完善，以便被自己的思维和认知体系接受。这一过程进行得越充分，消费者对于文化创意产品的接受和认可度就越高，购买的欲望也会越强烈。在进行一定完善之后，消费者会由于文化创意产品的刺激而自行拓展，从而产生一定的文化体验和精神享受。

（三）文创产品设计过程中情感整合理念的应用

1. 情境信息调研与抽取

情境整合需要建立在情境交流的基础上，作为设计者而言，首先要对产品的文化情境和消费者的现代生活情境进行充分了解，通过调研的方式定位目标群体和其文化需求。然后以产品为核心进行相关情境要素的抽取，为产品最终方案的敲定提供重要参考依据。设计者通过调研和抽取出来的情境要素是构成新情境（文化创意产品的情境）的基础要素，根据空间组合理论来将这些要素进行重新排列组合，也可以在此过程中融入新的要素，可以让新的情境呈现更加完美的要素。

设计者将抽取出来的要素置于单独的心理空间，这一心理空间正是设计者发挥想象、创造新情境的自由空间。在这一空间中设计者充分去体验这些情境要素，感受它们对于自己记忆、认知、情感的刺激，尽可能将每一次碰撞所产生的灵感火花记录下来，作为创意方案的备选。

2. 诞生文化创意

文化创意是文化创意产品的生命线，创意是否新颖，可否抓住消费者的心可以说是衡量文化创意产品成功与否的关键。设计者通过在心理空间对于情境要素的组合、拓展与升华等过程，得出最佳的创意方案，然后对这个最佳创意方案进行不断的论证和完善，从而形成最终的文化创意。这一过程往往会用到形象思维、联想思维，以及转换思维等方式。形象思维可以给予文化创意艺术性的表达；转换思维可以给予文化创意新的产品定位；联想思维可以更进一步拓展文化创意的边界，让设计者的创意思维变得更加开阔，也会让文化创意的深度和感染力得到有效提高。

3. 建构情境整合空间

所谓的情境整合空间就是模拟文化创意产品被设计出来之后在使用过程中的样子。这一过程需要设计者大胆假设，然后根据空间整合理论和设计可整合性原则对建构的整合空间进行论证。在建构情境整合空间之前，设计者已经完成了情境分解、情境要素抽取等过程，在建构情境整合空间的过程中，设计者要再次进行情境组合的遐想，这一过程较创意诞生的过程而言，更具现实性。设计者要充分运用换位思考的方式，将现实生活场景中的消费者代入思维过程，从用户体验的角度来反向审视情境整合的结果。

在建构情境整合空间时，设计者通常会使用 X 型整合原则，即不同情境之间的交叉组合。设计者会根据所抽取的情境要素形成许多模拟选项，如用户的文化底蕴、社会的主流审美状况、产品的使用功能、产品的使用空间等，然后将这些模拟选项进行组合，通过功能约束以及审美性约束等反向否定过程来逐步完善文化创意结果，将最优化的整合结果呈现出来。文化创意是否能与消费者产生共鸣，让消费者产生文化认同，在很大程度上也取决于社会环境的变化。虽然设计者可以通过自己的努力，在情境整合空间中诞生其认为最佳的创意成果，但却无法百分百保证其创意结果会被消费者所接受。不过每一次的设计尝试都是设计者经验的积累和对于文化创意过程的把握，一个优秀的设计者往往是通过许多次失败经验的积累而成长起来的。当设计者积累了足够的经验，并且可以充分理解并合理运用情境整合理念时，其设计成果才会成为消费者心目中最能解决其现实生活情境痛点的文化创意作品。

二、逆向思维法

逆向思维另辟蹊径，通过思维翻转、角度转换、缺点逆向发现平凡中的不平凡，大胆突破常规，探索了博物馆文创产品设计的新路径，使博物馆文创产品以焕然一新的姿态进入大众视野。博物馆文创产品商店作为博物馆"最后一个展厅"，如何在此激发文创产品的活力，博得大众的关注与喜爱，值得设计师们深入探讨与实践。

（一）逆向思维概述

1. 逆向思维的定义

逆向思维相对于正向思维，是一种对习以为常的事物进行反向思考，进而寻找解决方案的思维方式。人们通常习惯以正向思维来解决问题，以现存需求为导向，利用普遍而常规的方式进行方案构想。事实上，任何事物内部同时存在着矛盾对立的两个方面，即双重性。逆向思维正是抓住了矛盾的对立面，跳出常理的框架，"反其道而行之"，从而得到意想不到的有效结果。与众不同的逆向思维拓展了创新思维的空间，为设计提供了新的可能。

2. 逆向思维的特点

逆向思维具有以下三个特点。

（1）普遍性

逆向思维基于普遍适用的对立统一原则，因而在不同的领域和事物上，逆向思维都具有适用性，只是常常被人们所忽略。

（2）批判性

相对于正向思维而言，逆向思维更强调对惯性思维的质疑与挑战，不落窠臼，寻找新的突破。

（3）新颖性

正向思维探索出的规律虽然正确，但久而久之容易让人陷入思维定式，逆向思维弥补了正向思维的局限，往往能创造出其不意的新颖。

（二）逆向思维对博物馆文创产品设计的意义

1. 转变固有模式，突破思维局限

现存的博物馆文创产品重复率较高，虽不乏创新有趣的产品，但大部分不是品类一致就是设计模式趋同，大众对简单重复的文物衍生品渐渐产生了审美疲劳，如果不改变思维模式，仍然不断复制现有的设计思路，不仅设计方式会越加局限，还会致使文创产品失去对大众的吸引力，从而导致购买欲降低。因此转变固有思维模式，既能提高经济效益，也更能达到博物馆文化传播与知识普及的目的。

2. 摆脱惯性思维，助推文化传播

文创产品需要拥有巧思妙想的创意，才能诱发消费者的消费兴趣。逆向思维是一种行之有效的创新思维方式，它帮助设计师摆脱惯性思维的牵制，找到设计创新的立意，从而摆脱视觉的千篇一律，赋予其产品鲜明的个性，带给消费者耳目一新的惊喜。由此达到助推博物馆文化广泛传播的目的，同时也带来经济效益。

（三）逆向思维在博物馆文创产品设计中的应用法则

绝对的规律和一成不变的价值标准，在创造的领域中是不存在的。逆向思维避免了设计师追寻博物馆文创产品设计所谓的标准，进而去发现平常被忽略的某些文物特质，去探索设计表现的多样性，去挖掘博物馆文化内涵转换为文创产品的更多可能性。

1. 思维反转，出人意表

反转型逆向思维是指抓住已知事物的对立面，进行反向思考从而形成创意构想的方法。这种对常规现象的反向探索往往能打破人们的思维枷锁，与人们的固有认知形成反差，从而更好地达到出人意料的效果。博物馆文创产品的早期设计，多采用等比例复制典藏文物的设计模式，目的是完整呈现文物形象。经过一段时间的发展，博物馆开始尝试将文物与生活用品相结合，更加注重其功能性。但在文创产品的造型设计上，仍旧选择尽可能真实地复原展品全貌，从而保证博物馆文化传播的准确性。这种完整呈现文物形象的初衷无可厚非，但采取这种原封不动地照搬式设计方法，长此以往，会让文创产

品失去活力。运用反转型逆向思维，我们尝试在设计上选择将文物不完整地呈现。一种方式是直接简化文物的造型语言。以重庆中国三峡博物馆的馆藏文物虎钮錞于为原型设计的厨房计时器（图4-2），通过对虎钮錞于造型的倾斜和截取，表现文物刚出土时的意象，既保留了最具特色的虎钮部分，又将其带入藏品发掘的原始情境中，给大众以自主探索答案的引导。

另一种方式是间接隐藏文物的部分造型。以重庆中国三峡博物馆的馆藏文物鸟形尊为原型设计的摆件（图4-3），以沙代土，将文物隐藏其中，从而诱导消费者互动，通过摇晃摆件，既能体会类似发掘文物的惊喜，又不影响文物的完整。此外，通过聚沙成塔的方式，由点到面地再现博物馆文化信息，是一种对文物完整性的逆向思考。再如，《故宫日历》（图4-4）作为一款畅销的文创产品，其设计理念值得关注。它将文物知识融入人们的日常，通过每天的日积月累，使消费者潜移默化地进入故宫文化的语境，这种循序渐进的方式，不仅加深对文物的认知，更能培养消费者求知的兴趣。

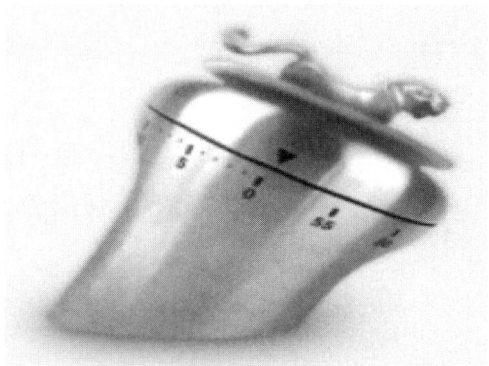

图4-2　虎钮錞于厨房计时器

图4-3　鸟形尊摆件

图4-4　故宫日历

在设计过程中运用逆向思维，把握好设计的度，往往能出人意表。追求不完整，不仅不会影响文物信息的传播，反而能强化观者的自主意识，从而主动探求文物风貌与其背后的文化价值。

2. 角度转换，另辟蹊径

转换型逆向思维是指无法通过常规方法解决矛盾时，通过转换思考的角度，找到其他手段来解决问题的思维方法。当某种思路陷入困顿时，及时调整分析问题的角度，往往能帮助我们发现隐藏在常规中的创意，从而有效地化解困境。

首先，转换气质。博物馆基于其收藏、保护和展示文物的职能，在展陈中，往往中规中矩，将文物逐一进行排列展示，缺乏和观者的互动，一度呈现出千人一面的古板气质。博物馆如果长期以严肃的面孔示人，势必会渐渐拉远与大众的距离，随着日益现代化、科技化的发展，当前的博物馆在建设方面也日趋创新，形式表达也越来越追求多样化。在博物馆文创产品设计中，我们有必要追随时代的脚步，在设计上转换气质，给"正襟危坐"的博物馆，重新注入活泼的生机。避免文创产品纳入阳春白雪的行列，令消费者敬而远之。

曾出现在人们视野的"萌萌哒"故宫系列文创产品（图4-5），就是转换文创产品气质的一种尝试。故宫在人们的印象里一直是庄严肃穆的，文创产品的"萌"与其形成强烈的气质反差，这不仅给观者带来视觉意外，也赢得了一大批年轻人的拥趸，这样气质转换的设计，以亲民的姿态传达博物馆文化，当然是消费者喜闻乐见的。

作为承载博物馆文化的客体——博物馆文创产品，仅仅通过被动地等待消费者的选择，往往使观者缺乏代入感，并且很难在短时间内和文创产品建立起情感的关联。在这种情况下，运用逆向思维进行角色转换就显得至关重要。只有让大众从参观者转变为参与者，才能在瞬间由被动接受变为主动感受。无论是故宫博物院的"朝珠耳机"，还是中国台北故宫博物院的"朕知道了"胶带（图4-6），都通过巧妙的主客置换，使大众迅速进入文化历史的语境，享受了一次"皇家待遇"。

图4-5　宫廷书签

图4-6　"朕知道了"胶带

无论是气质的转换还是角色的变化，都为拓宽文创产品的设计形式提供了新的参考。在大众对博物馆产生亲近感的同时，文创产品的创意提升促进了博物馆文化内涵传播的有效性，从而形成良性循环，也带来经济效益。

3.缺点逆向,化弊为利

缺点逆向思维是指抓住事物缺点背后隐藏的价值,化弊为利,从而解决问题的一种思维方法。遇到问题时,人们下意识的反应便是要发挥优势。而在优势并不凸显的情况下,如果能够通过逆向思维将缺点变成亮点,反而能出奇制胜。

苏州博物馆发行的"文藤"种子——即吴中才子文徵明手植紫藤的种子就是一个很好的范例。作为"苏州三绝"之一的活文物——文徵明的手植紫藤依旧枝繁叶茂地生长在苏州博物馆中。以正向思维来考虑,作为一株植物,碍于季节时令的限制,它的文创空间十分狭窄,无法量产。设计者正是抓住了文藤种子限时限量这一缺点来做文章。用"物以稀为贵"为创意点,让大众感到新奇与珍惜。消费者手持种子,穿越时空,仿佛置身于文徵明流传百年的诗情画意中。事物的缺点不是绝对的,在进行文创产品设计的过程中,如果能够运用逆向思维,将发现的缺点转化成某种特点,往往在设计上会产生意想不到的效果。

三、意象创意性方法

文创产品设计中的意象创意性方法要始终以文化元素为出发点,寻找具有共同指向性的意象出发点,突出情感在审美活动中的主导地位。

(一)直接再现增加趣味

在文创产品设计中,因为有了文化性的物质作为创意源泉,所以有这样一种类型的文创产品设计方法,将物质文化的"象"直接输出为产品的"象",这种直接性的"复制"过程中,需要设计者对文化元素有着敏锐的洞察力,在万千元素中将其挑选出来,要通过合理的创意点与产品结合,而不使产品落于俗套。直接再现并不是少了创作主体的"意",反而体现出主体对文化情感之深,如果不是又怎会在众多文化元素、众多设计形式中选用这一种方法呢?直接再现是将文化载体的物质形态在另一个产品载体上表达,有利于增加产品趣味性和视觉冲击力,满足消费者对产品的情感诉求,更好地建立产品中赋予的文化与观者之间的共鸣,从而达到满意的文化传播效果。

無料牌便签条设计(图4-7)曾获得2018年靳埭强设计奖专业组铜奖。便签条是文创产品中最常运用的设计载体,设计师廖波峰打破常规的便签条设计思路,转而参照真实人民币尺寸、版式和色彩,按照成捆钱币形成产品形态,在视觉上给观者尽量还原真实钱币的感受,以一种轻松诙谐的形式呈现,旨在消费者使用此便签条时心中充满无限的动力,从而满足消费者对金钱的渴望的情感诉求,增加视觉冲击力。

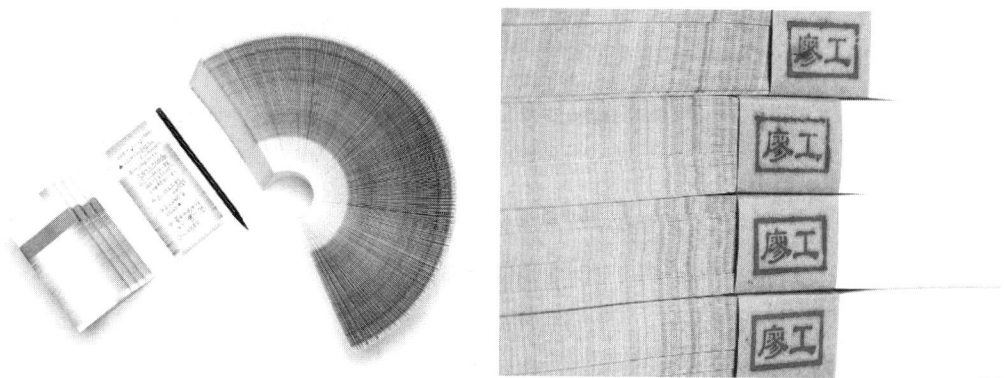

图 4-7　無料牌便签条设计

图 4-8 是卢迪设计的卷笔刀，这款卷笔刀就像有一只额外的手，用来捕捉和收集刨花，这样就可以很容易地让你把它们扔掉，而且用户可以使用一整天，不用每次都走到垃圾桶。因此文创产品以直接再现的创意方式与产品功能结合，增加了产品趣味性，以创意打动消费者，为生活增添色彩。

图 4-8　卢迪设计的卷笔刀

尼斯湖水怪汤勺文创产品设计（图 4-9）是以尼斯湖灵异事件为意象出发点，尼斯湖水怪其实是一个地球未解之谜，吸引了众多科学家对此进行研究，从网络上流传的照片中来看，水怪有长长的脖子伸出水面，到底是什么生物至今未有结论。设计者抓住这一"不明生物"与它的生活环境特点，以主观的设计创造水怪的形态并以汤勺这一产品为载体，使用时立马再现了尼斯湖水怪浮出水面的情景。此设计是将生活中的现象直接输出表达成文创产品设计中的"象"，既增加了产品的趣味性，也使人们在对文化的情感上有了依托。

图 4-9　尼斯湖水怪汤勺文创产品设计

（二）间接创造提升内涵

　　文创产品设计中的意象创作方法除直接再现的表现方式外，还有根据文化特点进行间接创造，可以通过元素提取、融合嫁接等主要手法进行创意表现，间接创造的方法一定程度上降低了以文化为载体的设计对象的辨识度，以视觉语言和形式法则进行创意表达，进一步增加神秘感和视觉美感，从而提升产品内涵。

1.元素提取

　　从文化素材中提取设计元素，提取的元素既可以是文化素材可视的外形、色彩、线条、肌理等，也可以是文化素材不可忽视的概念、思想等，总之眼睛可以捕捉到的、心理可以体会到的都可以提取，当然不同的设计师切入点不同，所提取的元素也会有所不同，这与个人的审美、情感、价值观以及对设计的认知有关。通过个人对元素的加工、变形或拓展，形成创造性形态或图形，与原来素材既有相同的感觉又有陌生的体验，突出新颖的视觉效果。

图 4-10　潮"牌"系列透明单肩包

　　图 4-10 为大英博物馆天猫旗舰店推出的潮"牌"系列透明单肩包文创产品。从文创产品的图形与文化素材对比来看，梅花国王与红心皇后的图案是经过设计者对素材的变形加工后形成的，人物外形的线条简洁流畅，现代设计感十分强烈。设计者简化并放大了原来的图形，突出人物神态，视觉形式呈现平面化，才有单肩包上构图丰满、线条流畅、视觉效果强烈的体验感和时尚感。

　　图 4-11 是创意苍蝇拍文创产品设计，图 4-12 是旧时"回避"（旧时写作"迴避"）、"肃静"虎头牌，此文创产品是根据文化元素进行外形以及功能的提取。古时

候是官员出巡做壮声威、清道路的警示用途，古代还有"行路贱避贵"否则要打五十杖刑的条例。产品图形元素提取于虎头牌上的虎头和文字，但设计者根据主观审美将原有的虎头进行线条提取，并将四个字体重新设计，根据原有苍蝇拍的使用功能需要将背景以剪纸的镂空方式呈现。在图形的编排和形态的提取上基本还原了原有的虎头牌并也符合苍蝇拍的外观，只是在下方拐角处做了流线型的主观处理，使之更加美观。此文创产品设计的元素提取之妙更加在于意味之妙，当拿起苍蝇拍使用时似乎是在警告苍蝇，要肃静回避了，不然就要受到拍打。这样一来，此文创产品设计的内涵又上升了一个高度，有趣又不失传统韵味。

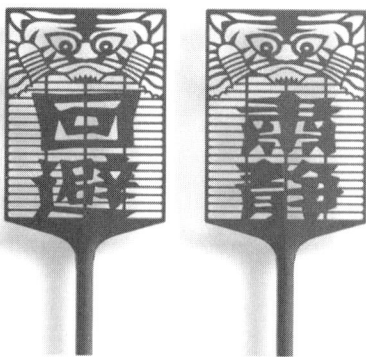

图 4-11　"回避""肃静"创意苍蝇拍

图 4-12　"回避""肃静"虎头牌

雨花石橡皮擦文创产品设计（图 4-13）提取雨花石纹理，以及在时间长河中形成过程。雨花石产自江苏扬子江畔一带，还有着美丽的传说，从形成的角度来说，任何一块光滑的石头都要经历雨水的冲刷以及时光的打磨，才会拥有一身华丽的外表，而此款文创产品的设计正是结合时间的流逝对石头产生的作用以及橡皮擦的使用功能，在使用的消耗过程中，隐藏在里面的花纹和色彩会慢慢显现，在使用到一定程度时，橡皮擦褪去棱角，就像真的变成了一块美丽而珍贵的雨花石的形态。通过对雨花石肌理以及形成过程的提取，使消费者在使用过程中更加真切地感受到雨花石美丽的外表来之不易，人们会带着好奇的心去使用它，也会在使用的过程中获得愉悦感。因此设计文创产品，在产品的使用功能、展示方式上都可以成为设计的展示舞台，使之成为情感的载体，变得更加有温度，更贴近大众生活。

2. 融合嫁接

嫁接是植物的人工繁殖方法之一，就是把一种植物的根或茎切个小口然后把另一种植物的枝芽放进小口中捆绑，一段时间后会长成完整的植株。在文创产品设计中，也可以找到一个文化素材与产品特质相似的"小口"，通过这个"小口"建立连接，使两者

图 4-13　雨花石橡皮擦文创产品设计

"长成"一个新的、完整和谐的个体。这个个体是设计者思想与文化主体相融合的统一，从而增加了文创产品的独特性，提升文创产品内涵和意趣，拓宽文化传播渠道，使传统文化深入人心。

启瓶器文创产品设计（图 4-14）与动物牙齿进行融合嫁接，改变了传统的启瓶器形态，变得更有内涵。普通的启瓶器只不过是一个开启啤酒瓶的产品或者说仅仅是工具，而这件文创产品寻找到动物牙齿与启瓶器功能相融合的创意点，张开嘴巴的动物形象露出开心的笑容，同时还是可以打开一个啤酒瓶的工具，其功能并不受到影响。张大嘴巴

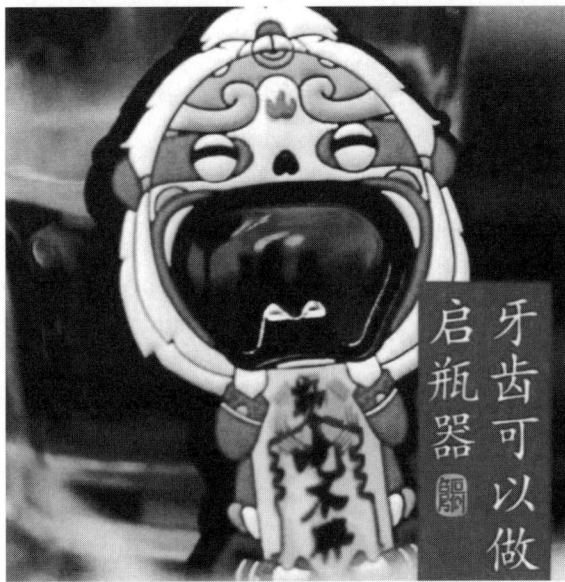

图 4-14　启瓶器文创设计

的动物表情似乎在说：愿意为您效劳。曾经冷冰冰的钢铁材质启瓶器穿上了外衣后，成为一个有"生命"的文创产品，这在于设计者找到了那个恰当的"小口"，将文化素材与产品功能特质结合成一个新的有趣味的文创产品，创意新颖，使人眼前一亮。

此外，设计师们非常热衷于在动物身上"开刀"，将产品的使用功能与动物的某个部位进行融合嫁接，形成另类有趣的文创产品设计。如图 4-15 所示，鲸鱼的形态与牙签盒融合，透明的嘴巴露出的牙签像是鲸鱼的牙齿；奔跑的鸵鸟与回形针收纳融合，吸附在鸵鸟身上的回形针像是鸵鸟的羽毛。因此可以看出，融合嫁接是两者存在某种关联的融合嫁接，如果毫无关联的两者生拉硬扯在一起也无法生出更多情趣，运用融合嫁接的手法最重要的是要有一双慧眼发现二者之间巧妙的关系，从而赋予文创产品新的内涵，才能获得使用者的芳心。

图 4-15　以动物为灵感的文创产品设计

设计师 Eneida Tavares 将安哥拉草编技术与陶瓷结合的文创产品设计（图 4-16），用针线直接将两者嫁接到一起，形成两种手工艺之间"跨文化对话"的审美意象。编织与陶瓷在质感、色彩、材质上都有极大的不同，二者的融合使得观者在视觉上既陌生又熟悉，二者之间的冲突感成为观者视觉上的抓手，两种文化的碰撞在观众心中激起浪花，嫁接位置的不同也形成文创产品的千姿百态，从而形成独特的设计美感。这种融合嫁接的方法使两种文化建立连接，含蓄的对话留给观众遐想空间，提升了文创产品格调和内在韵味。

间接创造的手法进行文创产品设计的意象表达，一方面体现了原创性，赋予产品深刻的情感与内涵；另一方面考验了设计者创新思维的设计能力。运用间接创造手法可以拓宽设计思路，使设计者从固定思维中走出来，发散思维找到恰当的创意性表达。

图 4-16　草编与陶瓷结合的文创产品设计

第三节　设计项目实践——状元粽

一、状元文化的内涵

（一）状元文化概述

状元文化与科举文化相伴而生，可以追溯到隋唐大业三年（607 年）时期的科举制设立和推广，到清朝光绪三十一年（1905 年），该制度的实施历经 1300 余年，是封建社会体系中选拔人才最为客观、公正的一种方法，将读书、考试、入仕三者紧密结合，扩大了人才的选择范围，很好地促进了当时政治机构人才素质水平的提升，也成功地营造了中华民族尊师重教的优良传统。古代科举考试的第一名称为"元"，状元则是殿试中第一甲第一名，因此又称"殿元"或"鼎元"，在当时的社会文化中享有极高的荣耀。根据文献资料，自公元 622 年（唐高祖武德五年）孙伏伽考任第一位科举状元始，至公元 1904 年（清光绪三十年）刘春霖被选拔为最后一位状元止，在 1283 年间，我国共产生过 592 名状元。吴枋在《宜斋野乘·状元词误》中生动且细致地描绘了宋朝时期人们对状元文化的心境——"五百人中第一仙，等闲平步上青天"，古代学子对金榜题名、获得繁华与功名利禄的向往跃然纸上。

石焕霞在《知识精英与社会教化》一文中具体地讲述了科举考试层层选拔的规则设置，古代学子获得科考功名的是千万中挑一的概率。以清代科举考试为例，科举考试设有四个等级：童试、乡试、会试、殿试。在童试中得中者可以获得秀才的身份，秀才只是学子们的第一级功名，之后继续参加各地省一级的考试，这一环节被称为乡试，得中者获得举人的身份。获得举人身份，即意味着获得了踏上仕途的资格。在科举考试殿试中，统治者为了给学子们展现统治阶级对科举和士人的关注和重视，会举行盛大且繁复的仪式，如传胪大典、恩荣宴等。马学强在《状元盛名与传统社会运行结构》一文中对"金殿传胪"进行了详尽的描述：皇帝会亲自奖赏状元，一路上平民百姓为目睹状元郎的风采，万人涌关，甚至有的人还爬上了屋顶，场面空前盛大。

科举制度已经终结，但每逢考试，总会有许多香客前往各地的孔庙进行祈福，甚至在人们心里还怀有科举时代金榜题名成为状元的理想愿望。每年各省高考第一名者仍被称为高考状元，可见，状元文化在中国现今的社会环境中仍然有着广泛的影响。"状元文化"，是指在状元的培养、产生和交往过程中，社会大众和状元群体之间在互动交往中形成的一整套价值观念、行为规范、人际关系、社会习俗、文学艺术和物化形态的总和。

（二）状元文化相关习俗

状元文化影响深远，古时考秀才、中状元的民间故事至今仍被口耳相传，如婚庆习俗、饮食习俗、游乐习俗、祈福习俗、社交习俗等都有状元和读书相关的文化内涵。

1. 饮食习俗

在各种科举习俗中，饮食习俗中应用谐音来求福、求好运最为常见。明代冯梦龙在其著作《古今谭概·俗谶》中有对江南的科举饮食习俗的描述。在乡试开考的前夕，很多学子们都会去吃煮熟了的猪蹄，这里面的意思是希望自己能够"熟题"，也就是在考试的时候遇到熟悉的题目或对所有题目都熟悉。现如今，在教育大省苏州，仍然传承了一些传统的风俗习惯，如在书包中放置烤果寓意"考过"、葱则寓意"聪明"、步步高寓意"步步高"等讨口彩的习俗。除此之外，民间还有很多美食与状元文化相关，比如状元糕，寓意"高中"，小孩上学送定胜糕和粽子以祈"高中"。在中国台湾地区有状元茶，考生在大考来临前会喝上一杯"包种茶"，"包种"与"包中状元"谐音，祈求在考试中获得好运。

2. 游乐习俗

许多偏远的地方仍继续流传耍状元筹（亦称"状元签"）的习俗。状元筹是一种休闲游戏用具，材质有象牙、骨签和竹签等。全副状元筹筹条一共有63根，长短、大小都不一样，而且每根筹条上刻有从状元到秀才的不同科名、注数以及各种图案，以科名高低定注数，以所掷骰子定得失。最小得1注为秀才，得2注为举人，得4注为进士（有的版本是8注），得8注为会魁（有的版本是16注），得16注为榜眼和探花（有的版本是32注），得32注为状元（有的版本是64注），共计192注，最后签多签大者胜出。

状元筹游戏是明清末两代主要在当地流行的一种士人阶级的博弈类游戏，也是一种让古人寓教于乐的教育手段。清初，状元筹这一习俗演变成中秋博状元会饼，以大小不同的"科名月饼"取代签条，状元筹的游戏规则因为被移用到会饼上，因而在厦门一带仍广为人知。据清代蒋毓英主修的《台湾府志》卷六《岁时》记载：在中秋节这天，"是夜士子递为燕饮赏月，制大面饼一块，中以红朱涂一'元'字，用骰子掷以夺之，有秋闱夺元之想。"后来高拱干等修纂的《台湾府志》卷七《风土志》所记略同，并说这种饼名为"中秋饼"，"用骰子掷四红以夺之，取秋闱夺元之义"。这些游戏习俗至今仍在福建、厦门等闽南方言地区流行。

3. 崇拜习俗

中国学子对文昌的信仰由来已久，其中一个主要因素来自中国古代大力推广的科举制度，这是自古以来学子求取仕途的唯一通道。至今仍流传着"十年寒窗无人问，一举成名天下知"的熟语，学子们希望自己成为佼佼者，可以金榜题名，光宗耀祖。因科举制度而兴起了许多与考试相关的信仰和崇拜，如魁星崇拜、文昌信仰，还有"北孔子，南文昌"之说法。人们认为文昌君掌管文运与考试。

文昌信仰在历代中国遍布各地，比如文昌庙、文昌祠、文昌塔、文昌阁等。参加各类考试的学子，都会到自己家乡的庙宇祭拜文昌帝君，祈求自己能顺利取得功名，故每到学测考季，各大庙宇的文昌帝君殿总是人潮鼎盛。除了文昌庙，关帝庙也是一个深受学子们欢迎的地方。由于关帝手中捧着《春秋》一书，因而关帝也被称为"文衡圣帝"，有文武双全之意。

（三）状元文化相关熟语

与状元相关的熟语至今仍流传甚广，有成语、谚语、熟语、歇后语等，涵盖状元登科、状元典故、科举活动等各个方面。"一路连科""连中三元""状元及第"都是寒窗苦读的穷苦百姓的殷切希望。科举考试，只有佼佼者才能胜出，故有"天上麒麟子，人间状元郎"之誉。唐代著名诗人孟郊曾创作一首《登科后》的诗，其中广为人知的诗句是"春风得意马蹄疾，一日看尽长安花"，这描绘的便是状元及第的场景。诗句被人们耳传口颂，一时间"春风得意"便成了状元高中的象征。

熟语多以谐音的形式寄予吉兆寓意，表达对学子的祝福和寄语。以下列举的为现代生活中人们常用的熟语。

1. 连中三元

在古代科举制度中，乡试、会试、殿试的第一名分别为解元、会元、状元，合称"三元"。科，有等级、程度的意思。科举制度把考取的等级和年份称为登科。"连中三元"中"三元"指的是三个桂圆，表示向上生长的状态。寓意官运亨通，步步高升。

2. 一路连科

是封建社会对于进京赶考学生的祝福吉祥的话语，所指的是考生进京参加科举考试的情景。一路连科也是传统装饰纹样的一种，由一只鹭鸶和折枝莲花组成，使用了"路"与"鹭"、"连"与"莲"的谐音，表达对赶考学生的祝福，富含"一路平安"和"一路荣华"的寓意。

3. 状元及第

状元及第既是成语，也是中国传统吉祥图案。状元及第图案描绘的是一名戴着帽子的童子手里拿着如意，骑着飞翔的龙之上冠。冠指的是帽子，"冠"通"官"，寓意高中。童子们总是戴着一顶顶的帽子，寓意家里的各位长辈对于自己每个孩子都可以给予很大的关心与厚望，希望他们的孩子长大后能够顺利考取各种功名，加官晋爵，飞黄腾达。骑龙暗示他们可以像鲤鱼跳入龙门一样变成小龙，寓意出人头地。

4. 鲤跃龙门

又称鲤鱼跃龙门、鱼跃龙门。在中国古代神话传说中，黄河鲤鱼跳过龙门，就会变化成龙而去，比喻砥砺奋进，敢于跃进。科举制度推行后，即寓意通过考试"一跃龙梦，身价百倍"，事业成功，地位高升。

5. 五子登科

出自《宋史·窦仪传》，是中国民间广为流传的状元故事。据说五代后周时期，燕山府有个叫窦禹钧的人，他的五个儿子都品学兼优，先后登科及第，故称"五子登科"。五子登科后来成为中国传统吉祥图案，寄托了一般人家期望子弟都能像窦禹钧五子一样获得科考成功的美好愿望。

6. 一举夺魁

举，是指科举考试。一举，也就是一次科举考试就顺利通过；魁就是为首的，位居第一的。在古代，北斗星中第一星就叫魁星，此星最明亮，人们称其为"北斗魁星"，因此以后常用斗和魁来指代第一名。

（四）状元文化的社会意义

虽然科举制度发展到后期也有其不良的社会效应，但是其鼓励人们通过读书和自身努力，改变自身现状的精神应作为社会正能量一直传承的。传统状元文化中有大量的习俗、熟语和典故，含有鼓励百姓通过读书改变现状的积极精神意涵。读书文化被推广至全国上下，士农工商皆可读书，通过科举高中都可获得社会的认可。状元文化给社会带来的正向影响巨大，甚至影响至今。

1. 重教尊师、爱惜人才的传统

在宋代，即使在比较穷的乡下也设立私塾，"人人尊孔孟，家家诵诗书"。宋代儿童启蒙诗《神童诗》中"学乃身之宝，儒为席上珍"，意思是只要有学识才能、高中科举考试，不论家庭背景都可以得到统治者的赞赏，还可以得到人民的认可和尊重，享受民间敬拜的社会文化知识被赋予神圣的力量，才华被赋予卓越的荣耀。

2. 勤学苦练、积极向上的求学精神

想要实现理想，就需"三更灯火五更鸡"、熬得住"十年寒窗无人问"、做到"学问勤中得，萤窗万卷书"。"学问勤中得，萤窗万卷书"说的是获得高深的学问必须通过勤劳艰苦，后半段所描述的便是学子挑灯苦读的情景。"萤窗"是指古时候读书人通过囊萤照读，勤学苦练。无论多少年过后，这都是莘莘学子要经历的人生阶段，激励着每一代人。

3. 自强不息、力争上游的拼搏精神

投身社会、积极进取的人生态度也是状元文化所要传达的重要内涵。所谓"三百六十行，行行出状元"，鼓励人们以积极的态度投身社会，将个人理想融入社会的大环境中，不畏艰难险阻、艰苦奋斗。状元是百里挑一、万里挑一的学子精英，人们只要怀有精益求精的态度，在与他人的竞争中敢于拼搏，突破自我，磨砺本领，也能成为行业中的"状元"。

二、状元文化的设计实践

1. 设计定位

状元文化与现代高考联系紧密，高考时间与端午节相近，因此本研究以励志食品作为设计载体展开设计实践。目标人群主要为在校学生，以及有亲朋好友为考生的群体。这一群体对励志食品设计在文化意涵传达方面有比较高的要求，根据第二阶段研究结果可知，18~30岁消费者偏好产品设计有趣味的文创产品。

2. 元素提取与应用

文化元素分别为：意境、纹饰/图案、色彩，本环节重点选用意境、纹饰/图案、色彩三类元素。元素应用参考表4-1。

表4-1 "状元粽"方案文化元素应用表

直接使用的元素		间接使用的元素	
1	角色：状元形象	1	红色：象征登科的喜庆
2	形态：扇子形态	2	文字：祝福考试顺利
3	图案：粽子	3	粽子插画：端午的氛围

	直接使用的元素		间接使用的元素
4	图案：桂花	4	状元筹习俗：求签、求祝福的寓意
5	形态：状元筹		
6	颜色：状元红袍的红色	—	—
7	文字：文字祝福语		
合计	7	合计	4

3. 方案设计

由于每年高考与端午节非常临近，本设计方案将状元文化与端午节礼品进行结合，借"粽状元"谐音，传递"高中状元，考试顺利"的祝福，如图 4-17 所示。宣传语为：状元粽，中状元。

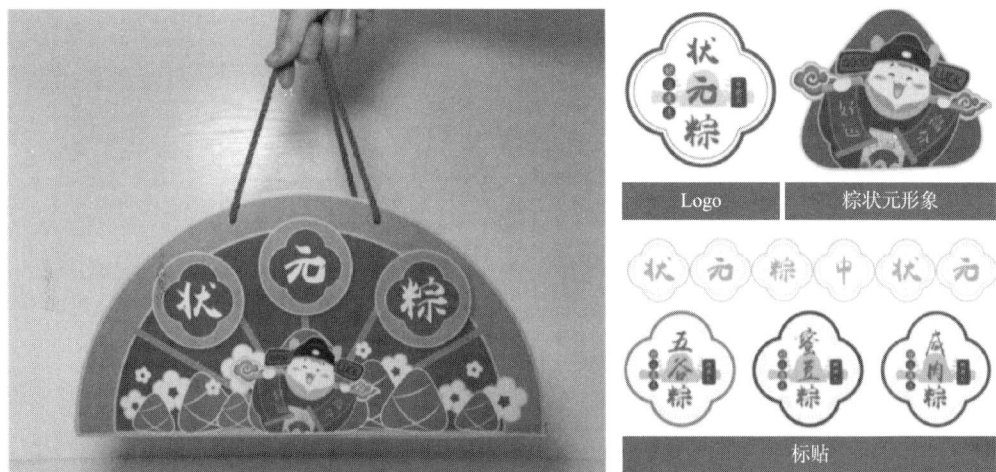

图 4-17　"状元粽"方案设计效果图

方案设计包括商标、宣传语、礼盒包装等部分，以满足同学间互送考前礼物送祝福的需求，以及亲朋好友给考生送祝福的需求。方案设计想法源于状元文化中的游乐习俗——"状元筹"的游戏形式，帮助考生缓解考前紧张情绪。方案中提供若干有文字或空白的签条，由赠送人将签条随机粘贴在粽盒的表面，粘贴后将粽盒归置到包装盒中，由考生抽取，完成祝福传达，如图 4-18 所示。

设计中直接应用扇子和状元筹的形态特征，与状元筹的游戏形式结合，为学子们传递祝福，放松心情；此外，状元文化中常用花来代表荣誉和成功，有许多与花有关的文化内容，如"一日看尽长安花"，"花"既有"春花浪漫"的意境，也有金榜题名、"心花怒放"的含义；明代陶宗仪《说郛》引唐代李淖《秦中岁时记》云："进士'杏园'初宴，谓之探花宴"，使杏花有"及第花"的文化内涵，及第游杏园也成了文人学子的理想；《大

图 4-18 "状元粽"方案设计说明图

明会典》中记载，状元需簪花参加"恩荣宴"。本方案将花的形象进行了概括和简化，将其直接应用于包装盒以及标签形状，通过形态强化意象，如图 4-19 所示。

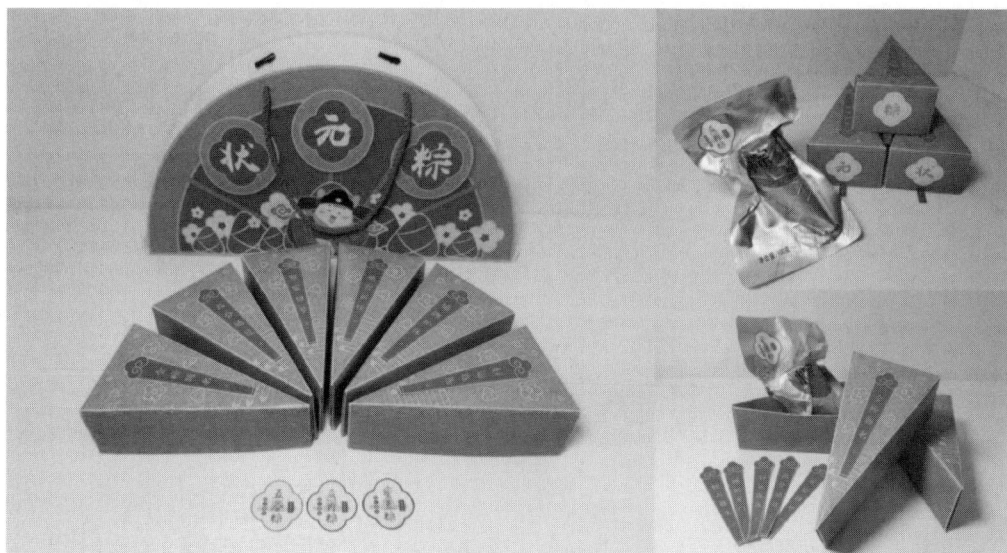

图 4-19 "状元粽"方案设计说明图

最后，颜色应用了极具代表性的状元红色和代表端午节的绿色，强化了端午节的节日氛围和考前祝福的氛围。

第五章　文创产品设计的主题方向

第一节　设计主题的整合

在文创产品设计过程中，目标主题文化的文化因子所发挥的核心功能是实现文化知识的承载与传递。为顺利实现此功能，首先，设计者应对文化的文化因子进行提取，形成抽象文化的具象表达要素，继而完成文创产品设计中文化的设计符号化转变。其次，进入文化因子的具体提取阶段，设计者需着重考虑文化因子提取方法的选择与应用，以进一步提高提取效率与表达文化的准确性。然而，关于文化因子的提取方法多而散，设计者若缺乏宏观的认识基础，则会导致文化因子提取结果趋于主观、片面。因而出于对以上问题的思考，文化因子的提取研究将从整合思维出发，系统化整合文化因子的提取方法，通过方法间的内在联系，形成有机的方法集合群。

一、文化因子提取方法的整合

（一）外在层文化因子提取方法的整合

从文化因子的类别划分结果可知，文化因子的外在层包含易被人们感知的图案形态、材质因子。

1. 图案因子的提取方法

图案往往与人们的生活密切相连，既有实用性，更具有装饰性，同时反映了民族物质文化生活水平以及特定的时代精神。图案的特征就是用丰富的想象力和象征的手法，结合其特有的形式与色彩，将人们生活中的观察、愿望、理想和自然美等塑造成理想化的图案。由于图案形成受地域、民族、文化、历史等因素影响，以及应用对象和使用目的不同，其形制、种类丰富多彩。按照构成空间，图案可分为二维空间内进行装饰的平面图案和三维空间内进行装饰的立体图案两大类；按照构成形式，图案可分为独立形式与连续形式两大类；按照题材内容，图案可分为自然景观、人物、动物、花卉植物、器物、文字、几何纹以及组合纹样等几种类型；按照表现手法，图案又可分为具象、抽象、夸张变形及象征等类型。然而，不同构成因素的图案有着不同的特点，在对文化进行图案因子提取时，要在理解和认识图案基本构成原理的前提下，结合实际方式灵活操作。

（1）基于计算机辅助图形处理的图案因子提取方法

如今，计算机技术迅速发展，以计算机技术为主要支柱的信息化技术产业开始占据各个领域的主要位置，正因如此，也极大地推动了设计与艺术领域的多样化发展。所谓计算机辅助图形处理（CAD），是指设计者借助计算机外围设备及其图形处理软件进行图形、图像的数字化处理、设计等工作。CAD是通过人机交互的过程，完成图形图像的处理，可以让用户随时观察、修改中间过程、实时进行编辑处理，每一步的操作都能在显示器上及时得到反馈，直至达到最佳效果，大大提高了图形图像处理的精度与效率。为了更好地处理不同的图形图像，平面图形软件的选择十分必要。

目前，国内外开发了大量的图形软件，其中许多已在实践中取得了十分成功的应用效果，成为领域中比较成熟且不可缺少的支撑技术。主流的平面图形图像处理软件有矢量图形软件CorelDRAW（cdr）和Illustrator（AI）、图像处理软件Photoshop（PS）以及用于参数绘图编辑的AutoCAD等。在图案因子提取过程中，设计者可应用计算机辅助图形处理方法，借助适当的图形处理软件，将前期收集好的目标图案导入软件中，使用内置或二次开发的工具指令，提取出图案中的特征图形、纹样等设计元素，此方法的运用为图案因子的提取带来了诸多优势：第一，降低了提取工作的难度，具有一定设计基础的人员都能快速操作；第二，提高了提取工作的效率，能够进行批量操作；第三，提高了提取结果的精确性与容错性，在绘制提取图案元素时可以实时修改、精准调整，高效表达。研究发现，计算机辅助图形处理方法在图案因子提取中的使用较为普遍。

（2）基于图形分解的图案因子提取方法

基于图形分解的图案因子提取，是指利用分解的思维方式找到图案中的基本元素。"分解"实质上是对图形的一种提炼，并不只是表面上的"破坏"。从认识事物的角度来说，在对图案因子进行提取的过程中，不仅要了解图形的内在结构，更要足够了解其内在美，从而知悉事物局部变化对整体的影响。通过对图形的分解，能够获得更纯粹、更具独特审美意义的单元元素和局部形式。

基于图形分解的图案因子提取法，重视图案结构的基本元素，强调基本元素本身的表现特征。如肖华亮（2018）在对苗族银饰文化进行图案提取时，利用了图形分解的方法，其操作流程是选取典型苗族银饰作为图案提取目标样本，利用平面图形处理软件将其矢量化，运用图形分解方式对图案组成要素进行分解，最终提取到目标银饰表面的图案因子，分解流程如图 5-1 所示。

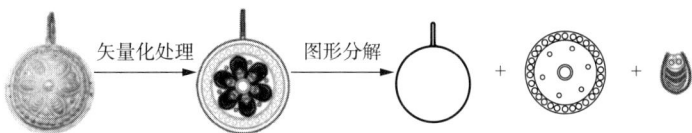

图 5-1　基于图形分解的图案提取流程

2. 形态因子的提取方法

形态是一种三维的视觉表现形式，能够直观地展现物体形象的主要外部特征。形态因子在文创产品设计中发挥着尤为重要的作用，提取文化中典型的、具有高度识别性的特征形态，最终可以融入目标文创产品的形态之中，以传达特定的文化象征意义，这也使得形态因子成了设计中传递意义的直观表象。

通常来讲，人们在观看时主要是捕捉事物的某些突出特征，通过这些突出特征，人们能够产生对知觉对象的认识，还可以构造出完整的形态式样，因此对形态因子进行提取时，把握提取对象的特征要素是重要前提。通过文献梳理总结，发现形态因子提取主要有特征精简提取法和具象化提取法。

（1）特征精简提取法

特征精简提取法即对形态的简化，是一种对物体形态进行合理的整体概括、局部提炼与统一的方式。简化能够去除复杂形态多余的细节干扰，以精简的特征形态，表达物体的基本信息，并通过艺术化处理实现设计应用所需。简化前必须要对目标整体形态进行认真分析，才能巧妙地提取形态因子的主要特征，做到形态简洁、特征精准。在对事物形态进行提取时，并非都要对整体进行简化，也可以从局部重点特征展开提取，能够呈现原形态具有的明显辨识度即可。简化提取形态因子时需要遵守重要特征优先原则（具有代表性、象征性意义）与简洁性原则。

特征精简提取法可分为以下 3 个步骤：第一，确定要提取的形态特征部位。通过对形态的整体分析可选择整体或局部特征，抑或是二维、三维等形态特征。第二，分析形态特征部位的构成关系。包含形态的构成要素特征（大小、形状等）及相互间的关系特征（位置、比例、连接等）。第三，形态特征的简化提取。通过分析选择恰当的处理方式，进行形态特征提取，如图 5-2 所示。

由于文化所包含的立体形态符号种类丰富，如建筑、器物或行为动作等呈现的形态，因此在进行形态

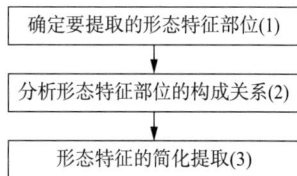

图 5-2　特征精简提取法的操作步骤

因子提取时，需要依据不同的目标对象选择适当的简化提取手段，实现特征精简提取法的灵活应用。通过文献及案例研究梳理，整理得出应用特征精简提取法对形态因子进行提取时，适用的简化提取手段有规则化、几何化、秩序化、删减与补足等，具体阐述如下。

规则化提取法。规则化提取形态因子的基本内容是，将目标提取样本中形态特征不规则或不完整的轮廓进行平整化处理。换言之，在确保目标提取样本整体形态结构不变的前提下，对无关大局的部分细节进行删减、修正以规则化，使提取后的结果能以较少的结构特征高度还原真实形态。

几何化提取法。在生活中可以发现，人们接触到的很多物体都是由各式各样的形态构成的。然而，通过复杂的形态能够看出任何物体都是由一些简单的基本单元转化而成，因此，为了提取一些形态结构较为丰富多样的事物形态特征，可利用几何化提取法进行处理。几何化提取形态因子的基本内容是，对目标提取样本的整体形态结构进行几何化处理，对复杂的整体形态结构进行归纳总结，并将其转换成高度简化的几何形态，以抽象表达显著特征，弱化细节。在进行几何化处理时，可按照相似性原则，尽可能使用与目标提取物形态相近或相似的几何形状进行提取。

秩序化提取法。秩序化提取形态因子的基本内容是，将目标提取样本中具有一定条理或秩序的特征要素加以集中强化，以均衡、重复、对称、递变等特性深化其原有形态特征，使得提取后的形态特征要素之间形成一种秩序井然、条理鲜明、协调统一式样。如在对松果的特征形态进行提取时发现，其内部的生长线呈两个反方向的交叉螺旋线，在此规律的基础上，可借助平面图形处理软件或三维建模软件，对其形态特征进行提取，如图5-3所示。通过秩序化提取法提取的形态因子更具有严谨的条理性，简洁而有序，也适宜对其进行参数化与标准化。

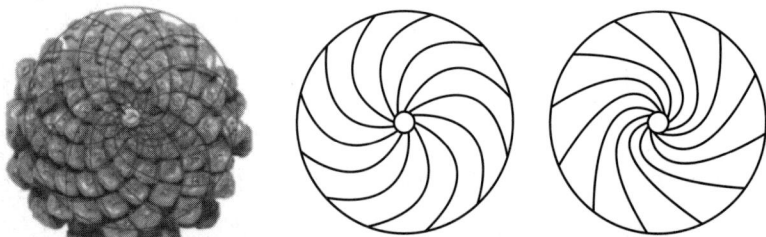

图5-3 秩序化提取形态因子案例图

删减与补足提取法。删减提取形态因子，即对目标提取样本中具有识别性的显著形态特征加以概括提炼，删减一些次要或不具体的形态特征，强调与突出主要的特征形态，进而达到简化的目的。而补足提取形态因子，是对一些隐含的具有连续性、对称性等的形态特征进行补足，加强结构式样的整体性。删减与补足两种方式一般可搭配使用。

（2）具象化提取法

所谓具象化，即将具体事物形象化，是对现实客观物品进行模仿与再现的艺术化表达。在形态因子提取过程中，具象化提取法是设计者通过一定的技术手段和艺术形式，将目标提取样本中的形态较为清晰、形象地提取呈现，所提取的形态因子具有高度识别性，易被人们感知与理解，进而产生思想与精神认识上的共鸣。

3. 材质因子的提取方法

材质是物质的基本载体，是文创产品的根本保证，对设计结果具有直接的影响，能够给人带来不同的视觉印象和触觉感知。因此，在设计中材质的选取与应用是不可缺少的必要因素。任何一种材质都有其独特的属性，同时也给人带来不一样的心理感受。如金属材质给人一种坚硬、沉稳和冷漠之感，具有较好的变形能力，具有良好的延展性和加工性；木材、竹、藤等源于自然植物，质地温和，易给人一种亲和感，疏密变化的纹理能够产生一定的节奏感与韵律感；陶瓷源于黏土，给人一种古朴感、厚重感，其不易变形褪色、脆性强，因此又会产生恒久感和脆弱感；织物、皮革较为柔软，具有较强的伸展性，给人一种柔和感和温暖感。通过对文献及案例的梳理整合，在文创产品设计中，材质因子的提取方法大致可以分为材质直接提取和材质特性提取两种。

（1）材质直接提取

材质直接提取，是指将目标文化中出现的材质因子直接进行使用。传统文化中的自然材质朴实无华，与人们的经验、情感回忆有着紧密联系，对其直接运用能够保留传统文化的内涵与积淀。对材质进行直接提取，应对目标文化中含有的物质载体有较为清晰的认识，再对其材质语义进行深度分析。文化所体现的材质一般具有浓厚的地域性，因此对某些具体文化中的材质进行提取时，也应考虑该文化的发源地，将材质因子的提取范围扩展到该地域文化中的典型材质。

（2）材质特性提取

材质的特性是其在使用及加工过程中所表现出的性能，由其内部组成和结构所决定。材质的特性一般可分为两个方面，其一是材质的固有特性，指材质的物理特性和化学特性；其二是材质的派生特性，包括材质的工艺特性（加工特性）、感觉特性（感官可以感受的性能）等。任何一项设计，其内容都通过特定材质来体现，而其中发挥关键作用的因素就是材质的特性。因此，在文创产品设计中，除了对目标文化中材质进行直接提取，也可以通过了解和正确掌握材质的特点、特性，将其灵活、巧妙地提取。材质因子的特性提取，关键在于分析与掌握其固有特性，同时捕捉材质表面肌理特性及材质质感，抑或将材质肌理的提取转化为图案或形态来进行处理。

（二）中间层文化因子提取方法的整合

1.功能因子、结构因子的提取方法

功能因子与结构因子，主要蕴含于某些特定的物质文化（器物），如中华优秀传统文化所包含的各种建筑、生产工具、生活用品等，是中华民族历经几千年运用丰富的经验与智慧孕育的珍贵文化瑰宝，反映了古代先贤的造物观。其中有众多巧妙的功能与结构，直至今日依然能够积极地影响人们的生活，具有极大的研究价值。文创产品不仅要满足人们的文化需求，还应具备产品的基本使用功能。若在其设计开发阶段，将传统文化中功能因子、结构因子进行提取，与产品的功能性巧妙地融合，可以在增强文创产品实用性的同时，更加深刻地体现优秀传统文化的内涵。为消费者提供兼具文化内涵与实用的产品，从而吸引消费者购买，使其走进大众的日常生活。

产品中，功能和结构之间关系十分紧密，产品的功能很大一部分通过结构来实现。功能是大众进行造物、制器的原始动力，代表着产品的用途、实用价值与目的；结构是系统内部各组成要素之间相互联结和作用的方式，通过产品结构的拼接组装，能够达成产品最终的功能实现或外观形式的呈现。因此，对文化中的功能因子、结构因子进行提取时，常常能够运用相同或相似的方法处理。通过对文献及案例的梳理整合，功能因子、结构因子的提取可利用以下两种方法展开。

（1）功能、结构沿用的提取方法

功能、结构沿用方法可理解为，设计者深入了解与把握目标文化中器物的功能与结构，清晰其工作原理，从而将其与现代产品的功能性相匹配，再现或沿用至文创产品中。如由嘉兰图工业设计公司设计的"木鱼杯"文创产品，如图5-4所示。设计者提取了"木鱼"显著性的结构特征，并将其巧妙地迁移至杯身，沿用了"木鱼"头部的中空结构特点，也实现了其配备的搅拌棒的放置功能。该产品整体外观简洁，突出"木鱼"的结构特点，不仅为产品赋予了创意性与趣味性，也营造了一种独特的意境，能够让使用者直观地识别出其文化来源，使用时增添趣味性。

杨筱颀（2019）在对汉代青铜灯具的再设计研究中，将汉代青铜灯具的照明功能保留，对灯具在保留核心结构的基础上进行简化处理，继而整合两种文化因子，绘制逻辑性图谱，进行产品设计实践，反映了原文物的文化内涵，如图5-5所示。

（2）基于功能分析法的功能、结构提取方法

功能分析法常运用于产品创新设计过程中，其主要目的是将复杂抽象的系统具体化，即运用系统论的思维方式，将产品解决问题的能力（产品总功能），合理地分解为相互独立的单一分功能，并求取各分功能解，最终获得实现产品总功能要求的最佳原理解。功

图 5-4 木鱼杯文创产品

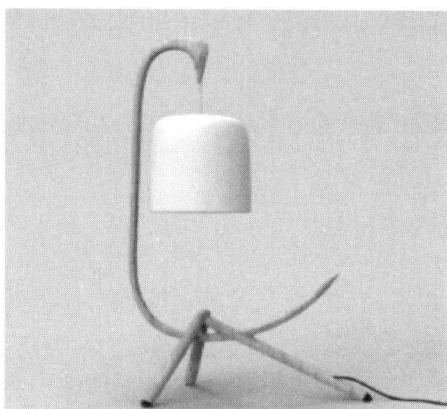

图 5-5 汉代青铜灯具的再设计

能分析法的主要流程可分为设计需求分析、产品总功能定义、总功能分解、功能元求解、决策最佳原则理解五个环节。在产品设计过程中，按照功能分析法的五个环节展开设计研究，能够获得具备预期总功能且满足使用者需求的创新型产品。

根据功能分析法的内容可知，功能分解环节重点研究如何将复杂的功能系统拆解为简单的独立功能元；功能元求解环节，可求出何种结构要素能够实现子功能。因此，在文创产品设计语境中，对目标文化中功能因子、结构因子进行提取时，可利用功能分析法，将复杂器物的功能结构系统按照逻辑结构拆解成简单、易用的若干子功能或结构元素，再对其进行组合或简化处理，以更清晰、更快速地获取相应的文化因子。在功能因子、结构因子提取时，重点运用功能分析法的功能分解环节，帮助设计者更深入地了解目标主题文化。

2. 工艺因子、技艺因子的提取方法

工艺是劳动人民在生产生活中，将科学、技术、艺术和审美等融合到一起的成套技术和流程，技艺是富于技巧性的技能或表演艺术。由于受到不同文化、自然条件、地域环境及生产力发展水平等各种因素的影响，传统工艺、技艺种类繁复，呈现出了千姿百态的地方特色。在传统工艺中，主体（人）与客体（器物）常通过"技"来沟通和实现，是人与自然的能动关系。传统工艺主要包括技艺的形式与内容、技艺的载体、工艺流程三方面的内容。因此，从某种意义上讲，工艺与技艺有着很多相通的部分。在文创产品设计中，对工艺因子与技艺因子进行提取时，一些方法及原理是共通的。针对各类不同的工艺与技艺因子，通过研究整合出以下两种提取方法。

（1）工艺、技艺的再现提取方法

传统工艺与技艺的再现，简言之，就是将具有典型文化特征的工艺或技艺，结合时代背景直接沿用或再现于文创产品设计过程中。应用该方法的前提是充分认识和掌握目标工艺与技艺的成套流程，优势是能够保留传统工艺和技艺中浓厚的文化底蕴。

（2）工艺、技艺的图解提取方法

图解是一个视觉表达的过程，主要利用图形或图像的方式分析和描述事物的运作模式。在对工艺因子和技艺因子进行提取时，可利用图解方式，将其中的关键技法、工艺操纵流程等以绘图的形式描述出来，以便人们更直观、清晰地了解其技术原理。

（三）内在层文化因子提取方法的整合

1. 角色因子、典章制度因子的提取方法

（1）角色的外显特征提取方法

角色出自戏剧舞台和影视上的演出用语，是代表某一形象、社会地位等的个体或群体，包括人物、动物等。角色作为研究对象，常呈现于历史典故、神话传说、文艺作品等。一般被人们所熟知的角色，大都已在人们的记忆中形成了其特有的表现特征，例如，提到三国，人们可能会想到诸葛亮"头戴纶巾，身披鹤氅，手持羽扇"这一角色形象特征。因此，在文创产品设计领域，在对特定的角色进行文化因子提取时，可将关注点置于其外在的形象表现。角色的外显特征提取方法，即通过对目标文化中角色的分析，进而对其外在显著的特征形态进行提取。

（2）角色与典章制度的语义提取方法

特定的角色一般具有榜样和精神指导的作用，此时，角色这一文化因子具有了隐性的精神文化内涵，如雷锋对后世影响最大的是以其名字命名的"雷锋精神"。典章制度指的是某一主体为巩固与强化自身力量所制定的行为规范与基本准则，通常包含法令、制度、风俗、习惯等。从一定意义上讲，角色因子与典章制度因子两者所传递的符号语义都是对无形的精神或制度层面的表达，因而，针对两者可利用语义提取方法来提取相关的文化因子。角色与典章制度的语义提取方法，是将抽象的角色、典章制度等凝练为可被理解和提取的语义词汇，从而指涉与之关系密切的其他物象，进行具体的文化因子提取。由此可见，角色因子与典章制度因子的提取方式适用于注重叙事表达、精神物化、文化传递等方面的文创产品设计，使其在不失文化内核的前提下，符合现代大众的审美要求。

2. 情景因子、意境因子的提取方法

（1）基于叙事性情景表达的情景提取方法

叙事性就是讲故事，其中的"事"是超越语言和文字的一种情感共鸣。叙事性情景表达运用设计修辞手法，为所要讲述的"故事"赋予恰当的情感倾向，借助对"事系统"中关键要素的拓展完成情景的建立。情景因子的提取，最终要以视觉符号来呈现。然而，通常提到一种情景，人们的脑海中也会呈现出一些具象的画面，因此，对于情景因子的提取，可转化为对"事系统"中具体的事物的提取，以再现情景。

（2）基于意境传达式的意境因子提取方法

意境是中国传统美学领域的重要艺术境界之一。由于意境是很难用语言概括解释的情感境界，需要主体和客体相互融合，达到共鸣的状态，所以只能依靠其特殊的意象不断地进行揣摩和领悟。意境源于人们的生产生活过程，真实地记录着客体实践活动中意象的具体特征，一般通过三种方式进行情和景的表达，表现事物蕴含的意境：第一，借物抒情，也就是隐喻，通过将情感寄托在具体的物象中，表达和抒发情感。第二，触景生情，指见到某处景色或具体的事物，与内心所感所想产生共鸣，从而触发相应的情感。第三，以物代情，在历史发展过程中，人们生活中有很多具体的意象已经被认为是固定的情感代表，如梅：独自凌寒，竹：坚韧不拔等，用象征的手法让物和情相互联系以达到追求情感交融的目的。

二、文化因子的设计符号转化技术整合

（一）基于人工绘图的设计符号转化技术

人工绘图即手绘，是一种具有生命力与动态性的设计语言，是设计师表达设计构思与情感的常用手段。在进行文化因子的设计符号转化时，设计者凭借个人的自由想象或意愿，通过采取加强与削弱的艺术手法对整体或局部进行处理。基于人工绘图的设计符号转化方式通常分为两种：徒手绘图与计算机辅助绘图，前者是指绘制者直接用徒手绘图的方式对文化因子进行加工创作，后者是指绘制者利用计算机软件对文化因子进行再造重塑。通过对比两种方式的操作要求与效果，可以发现两种方式的优劣点。从设计符号转化要求上看，徒手绘图对手工的技法要求更高，绘制者需经过一定时间的训练，才能制作出符合要求的绘稿。而计算机辅助转化对手工的技法要求不及前者，绘制者通过了解计算机软件的属性即可完成绘图工作。从操作过程上看，徒手绘图注重绘制者的技法积累，因而容错率低、耗时久、灵活度不高，设计符号转化过程中若出现偏差则会导致转化的失败。而计算机辅助绘图可解决前者画纸无法随意改动的现状，通过强大的软件功能，将抽象的想法呈现出来，操作过程出现错误时，即可及时更改，节省创作工时。

（二）基于形状文法的设计符号转化技术

1. 形状文法

简述形状文法（Shape Grammar，SG）是一种基于规则，以形状为基础要素，运

用语法结构分析，从而产生新形状的设计推演方法，最初由 George Stiny 提出，并完整地阐述了其概念和结构体系，奠定了形状文法的理论基础。目前，形状文法已被广泛地应用于产品设计、建筑设计及品牌识别与创新等领域，其可行性已得到大量实践证实。

依据 George Stiny 定义的形状文法（SG），可表示为：$SG=(S, L, R, I)$。其中 SG 为 S 经特定规则推演后生成的形状集合；S 为初始形状的有限集合；L 为标记的有限集合（标记可指示形状生成的方向）；R 为推演规则的有限集合（推演规则指对形状进行改变的规定）；I 为初始形状。

2. 基于形状文法的设计符号转化流程

形状文法作为一种计算机辅助设计方法，在文创产品设计中可辅助设计者实现文化因子提取后所获取的图案因子、形态因子的变形与重构，使之转化为具有一定延续性，且保留初始文化因子核心内涵的设计符号。

运用形状文法对图案因子、形态因子进行设计符号转化的过程可概括为：第一，选定目标转化文化因子作为初始形状；第二，在此基础上放入标记，确定生成方向；第三，选用一定的推演规则进行设计符号转化。常用的形状推演规则有置换、增删、缩放、镜像、复制、旋转、错切等。

在文创产品设计中，基于形状文法的设计符号转化技术已成为较为重要的技术手段，能够高效地转化图案因子和形态因子。

（三）基于分形艺术的设计符号转化技术

分形艺术是一种算法式的数字艺术，指用一种公式或算法产生一幅或一系列的数字艺术作品。分形艺术是基于数学家曼德布罗特提出的分形理论的一种科学艺术。分形理论用"分维"来描述大自然，最初目的是探寻一种描述自然界中那些不规则形态的方法，不同于传统欧氏几何中的点、线、面、体和时空来描述物体形状。分形最主要的特征是：局部或整体具有严格的或统计意义上的自相似性，即在一个系统内，整体与部分或各部分间都具有相似性。

利用计算机软件进行设计创作为设计者提供了便捷的手段，借助计算机强大的运算能力，通过数学函数进行迭代，能够获得有异于传统人工设计的分形作品。就图案而言，分形可以看成是一种具有相似特征的图像、现象的有序变化，它在由大及小整个尺度上不断自我重复。通常，图案艺术创作需要设计者具备一定的美术功底，而分形艺术的创作又要求设计者懂得一定的数理运算规则。

（四）基于参数化的设计符号转化技术

参数化设计思维可简单理解为，将设计者的感性思维与技术工具的理性表达二者相结合的一种设计思考方式，在文化因子的设计符号转化阶段，可辅助设计者进行设计推演。参数化技术是实现参数化设计的辅助工具，其核心是通过一些数字化软件，建立设计的限制条件与设计的形式输出两者间的参数关系，从而生成易于调节的计算机模型。基于参数化的设计方式相较传统设计而言，优势是可有效提升设计效率，在设计推演过程中能够辅助设计者得到更具可控性、多元性、创新性的设计表现形式，不易受到设计者思维定势的影响。参数化技术的基础不在于数值构建，而是以编程作为建模主导，常用的参数化平台 Grasshopper 节点可视化编程，以及利用计算机语言编程的 Python、C#、VB 都是建立参数化模型的基础。如尤立思（2021）等提出数字化转化竹编产品，通过系统性的调查研究，梳理了竹编编织形式，较为清晰地掌握了竹编技艺中的技法逻辑，并运用前文提到的技艺图解提取法，利用 Rhinoceros 软件平台提取了常见竹编编织技法逻辑，构建技法逻辑库，最终搭配 Grasshopper 插件实现了竹编编织产品的参数化建模，并可通过参数调节自如地改变竹编技法的表现形式，达到了技艺因子的设计符号转化目的。通过参数化技术的运用，将竹编编织技艺因子以程序的形式呈现，可帮助设计者自如地运用竹编技艺进行文创产品设计，促进竹编技艺的创新转化。

第二节　结合调研确定文化主题

一、文化符号提炼与创意转化

文创产品设计的关键环节，是将抽象、复杂的文化转化为具象的、可直接作用于产品的设计符号。因而，以此为切入点，展开文化因子提取方法与设计符号转化技术研究，从而构建"文化→文化因子提取→文化因子转化设计符号"的推演模型，目的是能够准确、快速地为文创产品设计提供视觉符号。

（一）主题文化分析

主题文化分析主要包括两个环节，一是确定主题文化，二是对主题文化展开详细的调研分析。

首先，对于主题文化的确定，根据文创产品设计开发模式的不同，设计的主体承担者可能有文化事业单位内部设计人员、专业设计企业人员、独立设计师或高校相关专业人员等。因此，文化主题的来源可能是指定的纵向课题、委托方的指定项目或相关设计赛事等，以此可确定文化主题。

其次，是对选定的文化主题进行系统性的调研分析。包括资料收集、市场调研、用户分析等，在此过程中也会应用到多种调研分析方法，如文献研究、网络数据收集、田野调查、问卷调查、专家访谈等，以快速地收集资料，了解文化背景，把握目标市场、用户偏好及设计需求。此外，设计者要对前期收集的信息以一定的逻辑关系进行分类、整理与归纳，保证对目标主题文化有深度的了解，进而筛选出具有典型性、代表性的文化元素。必要时还需要对一些收集的样本进行特征评价，筛选典型文化元素。

（二）主题文化的文化因子提取

通过主题文化分析阶段的研究，设计者已对目标文化对象有了较为深入的理解。因此，下一步需要对主题文化的文化因子进行提取，得出主题文化相对应的具体文化因子。文化因子提取阶段包括两个环节，一是主题文化的文化因子归类，二是主题文化的文化因子提取。

首先，是主题文化的文化因子归类。其内容是将主题文化分析阶段获得的文化因子，依照总结出的文化因子类别划分结果（即外在层文化因子的图案、色彩、形态和材质，中间层文化因子的结构、功能、技艺和工艺，内在层文化因子的情景、意境、角色和典章制度）进行对应归类，目的是能够按照层次清晰地梳理主题文化包含的各类文化因子，以备下一步的详细提取。值得一提的是，并非任意主题文化的文化因子都能涵盖以上全部类别，要视主题文化内容灵活处理。

其次，是主题文化的文化因子提取，依据的是已详细整合的三个层次中12类文化因子的提取方法。在此环节，设计者可运用整合的文化因子提取方法，针对主题文化中归类出的文化因子进行提取处理，获取主题文化相对应的文化因子。若主题文化的文化因子样本数量较多，可将提取到的文化因子按照一定的逻辑关系进行整理归纳，建立文化因子数据库，为文化因子的设计符号转化提供基础数据。

（三）主题文化中文化因子的设计符号转化

主题文化的文化因子提取，能够从复杂抽象的文化中提炼出可作用于文创产品设计的文化因子。然而，要使文化因子有效地融入文创产品中，还需要将文化因子转化为与产品设计要素相对应的设计符号。因而，在此阶段需要完成的任务是，从上一阶段提取到的各类文化因子中，选取适当的转化对象，并运用一定的设计创意技术手段将其转化为设计符号。依据的是已详细整合的文化因子的设计符号转化技术，包括人工绘图、形状文法、分形艺术、参数化设计技术等。其中每种技术所适用的文化因子有所不同，最终的转化形式、呈现效果都有差异，设计者可结合实际情况和自身设计经验，选择适宜的技术手段进行相应处理。通过此环节的处理，最终获得一定量的设计符号转化结果，形成设计符号库，作为最终文创产品设计表达的视觉符号。

（四）主题文化的文创产品设计表达

文创产品设计表达阶段的主要工作是，将最终转化的各类设计符号有效地整合、重组，并以最优化的组合方式融入恰当的产品载体进行设计实施。通过上述几个阶段的研究，设计者已对主题文化对象有了较为深入的认识，并获得了具有文化内涵属性的设计符号，因此，可结合设计符号的特征属性，通过观察、分析、思考、归纳寻找创意灵感，形成初步的设计构思框架，以确定所要研发的产品种类，即设计符号与产品载体的融合过程。在选取载体时，需要注重用户的文化体验和情感消费问题，应考虑设计符号的特征属性及文化表征内容与选取载体的功能和使用环境等是否相匹配，是否是文化与载体产品的有机融合。确定设计目标后，设计者需要利用产品设计的基本方法，将头脑中的创意、构想具体化，进行草图绘制、三维建模等。在此阶段，设计者除了要充分运用多种设计思维方式进行创意设计外，也要反复领会文化所传达的文化价值，确保将最有价值的文化特征有效地融入文创产品设计中。

二、文创产品设计中的文化体现

（一）地域文化与文创产品设计

文创商业悄然来袭，文创产品是创意者以文化为基础，以创新为手段，凝结了创意者对文化的深度解读后，设计出的具有高附加值的创意产品。随着中国近年来经济蓬勃发展所形成的凝聚力和辐射力，一个开放、包容、多元和创新化的文化生态链已慢慢走向成熟。文创产品作为文创商业的灵魂，涵盖的不再是单纯意义上的文化珍品复刻或是寓意传统工匠精神的产品，取而代之的是以现代消费者需求为导向的地域文化与产品创新、科技产业等融合的产物。立足新时代的文创产品需要在设计中赋予地域文化的烙印，在包容和创新中将地域文化产品化的同时，迎合消费者与时俱进的消费需求，从而彰显中华民族百花齐放、争奇斗艳的文化自信。

1. 文化促进创新

所谓文化促进创新，主要通过文化语言符号化、地域文化现代化和功能符号内涵化三点，实现通过文化促进文创产品的创新设计形式。通过将抽象的文化语言符号化，使得一些晦涩难懂的传统文化得以符号化处理的同时，保证文化的传承和发扬。

（1）文化语言符号化

文化语言符号化，是对中国千年以来的诗歌、绘画和民俗等文化形式进行解读，再用符号化的设计形式表现出来。如在中国推崇的道教文化，就有脍炙人口的"八卦"符号，而八卦有着平衡天地、包罗万象和和谐共生的寓意。因此，在对文创产品进行创新设计时，可以考虑提取八卦盘最具有代表性的六边形作为文创产品的形态元素，道教文化语言得以符号化的同时，六面体的多面性也可使得文创产品的外观形态区别于传统的文创产品。

（2）地域文化现代化

中国地域文化有着区域性、长期性、融合性和多样性的特性，在中国璀璨的文化发展中留下浓墨重彩一笔的当属民俗文化。中国民俗文化包罗万象，如民俗传说中观世音菩萨、财神爷和嫦娥等都寄托着人们对于美好生活的向往。这些民俗文化虽广为流传，但与现代人之间却显得遥远而陌生，只有通过搜集资料才能对这些典故有较为详细的了解。因此，如若在设计中对其形象或者寓意以现代化的形式进行表现，可以让更多的消费者对民俗文化大而全、精而美的特点产生兴趣，从而加强对地域文化的宣传和保护。

（3）功能符号内涵化

现有的文创产品为了迎合"文创之风"，在设计时贴上了"文化符号"的标签，从而"成就了"所谓的"文创"产品。因此，为了强调文化促进文创产品的创新形式，可以考虑将产品的功能符号进行内涵化的处理。如道教文化中的"八卦"符号，除了提取其六边形作为文创产品的形态元素，还可以考虑赋予六边形构成的六面体内外两面文创产品的具体功能。由此，一方面赋予了传统文化一定的现代化价值，另一方面使得功能符号结合文化符号，在具有一定文化内涵性的同时，突出地域文化视角下的文创产品创新设计。

2. 审美促进创新

社会的快速发展使得同质化且缺乏新意的文创产品已无法再吸引消费者的眼球，因此可以通过审美促进文创产品的创新形式，通过多样化和现代化的产品形式丰富文创商业市场，并传承并弘扬中华优秀的地域文化。

（1）审美风格多样化

如今的文创产品设计，不再是单纯使设计形式具有一定的审美性，而在于丰富产品的风格形式，开发出符合现代人"快速""多变"和"多元化"等喜好的产品。如今的新生代在社会快速发展的背景下，热衷于"网红"效应和个性化十足的事物，尤其在对产品的选择上，倾向于色彩鲜艳的系列化产品。因此设计中除满足消费者审美需求以外，还需丰富产品的设计形式，可以考虑以系列化的方式呈现，使文创产品具有创新性的同时朝着多样化的方向发展。

（2）审美形式现代化

一直以来，坐拥文创产品半壁江山的大佬——故宫博物院，以其极富生命力的设计，将中国传统文化和民间传说等完美地以现代化手法再现。然而，在中西方文化高度融合的今天，单纯地再现地域文化已无法满足消费者的审美兴趣。如世界四大博物馆之一的大英博物馆，推出了埃及法老、西洋棋子和象形文字石碑等文创产品，吸引了大量国内消费者的眼球。可见，文创产品设计如将审美形式现代化，考虑中西方文化的融合，可以使地域文化得到现代化发展的同时，也让享有盛誉的地域文化走出国门，扬名中外。

3.需求促进创新

需求促进创新是文创产品设计的有效突破口，通过明确消费者对文创产品功能的需求，了解现代消费人群内心对文创产品的诉求，洞悉市场对文创产品设计发展的接受度，从而实现文化创新产品、产品丰富市场、市场消费文化的良性发展。

（1）功能需求合理化

现有的文创产品呈现出功能较为单一，甚至功能与设计形式不符等现状。因此对于文创产品的创新设计，可以考虑以模块化的设计形式呈现，即在文创产品的设计中融入系列化、整体化和创新多样化等特点。将文创产品整体分为不同的模块，并赋予不同的功能形式或者互动形式，由此，不仅使得文创产品的功能需求合理化，还实现了文创产品设计的和谐统一。

（2）人群需求宽泛化

如今，消费者早已不满足于以实用性为主的消费理念，取而代之的是一切求新求异的产品。他们做事我行我素，不再掩饰对于美好生活的憧憬，而是以大胆的形式表现出内心的诉求。因此，在设计中，一方面需要充分考虑不同人群的需求，尽可能地通过不同模块的功能形式满足不同消费者对文创产品的需求。另一方面通过多样化的设计形式，让更多的人对文创产品产生兴趣，愿意了解地域文化的相关内容，体验文化创意性产品带来的乐趣。

（3）市场需求增长化

现有市场带有国家博物院文化元素的创意产品占市场文创产品总销量的88%以上，占市场总销售额的70%以上。可见，一方面市场对文创产品的接受度较高，消费者对拥有深厚文化内涵的"国宝"类文创产品的历史性和艺术性产生了较大的兴趣。另一方面也说明消费者在提升生活品质的同时，不断强化对国家地域文化的认识。可见文创产品的市场需求较为广阔，如在设计中融入一定带有地域特色的民俗文化或是语意符号，对于让消费者在消费中了解地域文化有较为深远的意义。

（二）生活美学与日常文创产品设计

日常生活本是平淡琐碎的，若从审美的视角来对待生活中的每一件小事，人们就可以在生活中发现更多的美。将生活经验转变成审美经验，为平淡的生活增添一些乐趣，并且也有助于人们生活品位的提高。产品设计所具有的美学价值不仅代表了当代的审美水准，还代表了整个民族的艺术发展水准。

1. 日用文创产品的形式美

人们在日常生活接触日用品时，首先是对产品的形式（形象）做出反应。如今市场竞争越来越趋向于白热化，产品同质化现象严重。面对这种情况，只是通过"复制"图形的方式来设计日用文创产品已经难以让消费者感到满意了。大众的审美意识在逐步提升，在日用文创产品的选择上有了更高的要求，尤其是外观上要与其审美水平相符。产品外观的美感即产品的形式美，具体涵盖了三个方面：第一个是由图像和文字所构成的，这里将其都归结为图形的视觉语言美；第二个是色彩的情感体验美，色彩具有强烈的情感意义，能给人带来强烈的视觉刺激；第三个是材质的天然质朴美，人们对其产生的触觉和视觉会强化人的整体视觉效应。因而对图像以及文字进行艺术化处理，并重视色彩搭配的运用，采用恰当的材料质地，合理地运用好这些元素，赋予产品文化价值和审美价值，才是优秀的日用文创产品设计。

（1）图形美

在产品设计中，图形可分为图像和文字两种。相对于文本信息，图像信息具有较强的可识别性，能够给人带来一定的视觉冲击，属于一种视觉识别中高效的沟通方式。人对于图像的感知力很强，因而要想让图像发挥出应有的作用，就要重视其表现力。优质的日用文创产品首先会从视觉上带给人一定的美感，而且利用好图像也能更好地传递信息和进行宣传。图像在日用文创产品的图形设计中主要有两种表现方式，一种是平面式，另一种是立体式。

平面式的表现方法有两种。一种是整体元素运用，相对来说，这一方法比较常用，主要是将相关的图像元素印在产品上，赋予图像动态之美。例如故宫博物院推出的日用文创"千里江山杯垫"（图5-6）和"千里江山桌垫"（图5-7），都是将《千里江山图》以复制原画画面的形式应用在产品之中。通过将原作中的美学元素植入日用产品中，《千里江山图》中所蕴含的宋代青绿山水的气势恢宏和蓬勃生机不再只出现在博物馆、文学作品当中，这不仅打破了古代山水画诗意的神秘感，让现代人在日常生活中能像古人一样寄情于山水，在喧嚣闹市中感受山灵水秀间的宁静，也赋予了历史一种更具有现代生命力的表达能量。另一种是局部元素提取。这种设计方法更为灵活，但局部元素提取不如整体元素运用一目了然，这就要求设计师对其所运用的图像背景信息和文化价值有较深的了解，且自身须具备较高的审美能力，能够从众多文化元素中选择和提取特色最为鲜明、最有辨识度、最具美观性的元素用于产品设计，以画龙点睛的方式实现产品的审美和文化增值。

图 5-6 《千里江山图》软木杯垫

图 5-7 《千里江山图》艺术桌垫

立体式的表现方法相对于平面式的表现方法，区别在于立体式需要设计师借助结构美学，在设计的过程中将图像的平面效果转变为立体效果。设计师需要从多个视觉角度来考虑图像与物的结合，确保产品从各个角度观看都具有一定美感。

在产品设计当中，文字也是一个关键的要素。文字并不只是起到记录语言的作用，其还是一种单独的视觉设计形式。从符号学的视角分析，文字也属于图形的范围之内。风格多样的字体会给人带来不同的视觉感受，也可以被当成图形运用到设计当中。文字作为图形的另一种形式，具有一定的规律性、规范性以及语义性。从视觉传播的视角分析，不管是什么样式的文字，它的一撇一捺事实上都属于一种图形，属于具有特殊意义以及形态不发生改变的图形。文字不仅有着较强的信息传播性，同时也具有较好的稳定性，能让受众获得最直观的信息，容易让人理解，不容易被曲解。

在日用文创产品设计当中，设计师需要对文字设计足够重视，借助于这一设计有效传递产品信息，并深入探究字体的合理结构、字形之间的关联等，将文字富有的精神意义表现出来，赋予其一定的艺术性。通过新颖、独特的设计将文字与文创产品融合在一起，一方面能够让产品具有文字的优美，另一方面还能将其设计内涵表达出来。

由此可见，在设计中利用好图形设计，可以将文创产品的意境塑造出来，对消费者产生吸引力，更好地体现产品的审美价值。

（2）色彩美

"色不过五，五色之变，不可胜观也。"可以看出我国古代美学就认为色彩的变幻无穷无尽、不可胜道。在人类视觉构成当中，色彩是很活跃的一种视觉元素。人类天生对色彩有着较强的敏感性，因而色彩设计也是最容易赋予作品一定美感的。色彩作为视觉形式的物质媒介之一，被誉为感情的语言、眼睛的诱饵。色彩搭配得当可以在最大程度上刺激消费者，使之产生联觉效应。色彩心理学认为人们接触到不同的颜色会产生不同的情感。布鲁墨提出："色彩唤起各种情绪，表达感情，甚至影响着我们正常的心理感受。"阿恩海姆也提道："色彩产生的是情感经验。"比如暖色调的红色、黄色会给人带来一种温暖的感觉；冷色调的蓝色、绿色会产生一种凉爽的感觉。色彩会影响人们的情感认知，在日用文创产品设计中将合适的色彩赋予其中，能够带给人视觉冲击，唤起人们不同的情感共鸣，从而更好地吸引消费者的目光。因此，色彩成为设计中一种灵活的表现手段，色彩的搭配也就成了日用文创产品设计过程中所关注的焦点。

一直以来，我国的传统色彩都具有较强的创意性，并且十分高雅，比如"天青"。"天青"源于"雨过天青云破处"，这一诗句最早出自宋徽宗的一道圣旨。相传宋徽宗在梦中见到雨过天晴后的天空，觉得十分美丽，随后下旨意给烧制瓷器的工匠，命令其烧制出这种颜色，这难倒了不少工匠，最后汝州的工匠技艺精湛，将此颜色烧制了出来。说明当时人们在烧制瓷器时就非常重视色彩的运用，此后这句诗也成为对汝窑瓷器色彩的一种赞美。宋代文人习惯寄情于物，瓷器也就成了文人雅客们表达情感的最好载体。汝窑在造型上带有微微的开片裂纹，虽然被称为青色但仔细看又如月光白中透着一点蓝色，细细观看，蓝色中又掺杂着绿色，就如同雨后天空般澄净，也像宋代文人所追求的精神境界，通透不掺俗情。可以看出我国古人在色彩方面的审美水平极具创意。

恰当的色彩运用可以让产品实现质的飞跃，是提升市场竞争力的一个隐形力量。许多大型企业都雇用了专业的色彩设计师为企业服务，怎样科学合理地将色彩运用到产品中已经成为一门学问。色彩中的寓意并不是一成不变的，将其放到不同文化环境中，它所蕴含的意义也有所不同。当某种色彩符号与社会文化形成紧密联系时，就会被社会赋予特定的意义，从而进一步提升色彩的价值。如清朝宫廷视黄色为皇室专属色，黄色在当时社会环境中象征着无上的权力。

总之，日用文创产品要重视色彩的搭配，最终呈现在消费者面前的产品才是优美、适用的好产品，才会被消费者所喜爱和接受。

（3）材质美

材质的选择对日用文创产品设计来说也是非常重要的。《考工记》中提道："审曲面势，以饬五材，以辨民器。"也就是说要充分审读、了解材质的特性，并根据这些特性来进行加工制作器物，但同样的材质，将其设计成不同样式，所传达的效果也是存在很大差异的。日用文创产品的材质美主要体现为材质的选择是否注重环保、材质的制作工艺是否精致。在设计过程中，合理地选择材料质地可以直观地将材质美表现出来，同时在很大程度上会影响到产品的艺术风格，带给人不同的感受。例如，天然材质本身所带有的自然气息会让使用者产生一种亲近自然的感觉；合成材质带有现代工业味道，因其是通过多种制作工序所形成的，其留有的人工痕迹也会让人倍感亲切。无论是什么样的材质，它们本身都具有独特的属性，带给人们的美感也不尽相同。如黄金表达的是富丽堂皇；青铜表达的是沉稳、内敛等。不同的材质属性构成了不同的审美特征，好的产品离不开恰当的材质，材质是产品生产的基础，是产品的物质承担者，它可以直观地表述产品的寓意。"天有时，地有气，材有美，工有巧，合此四者，然后可以为良。"从其中我们可以了解到，在中国古代就已将材质视为审美与实用相结合的一个重要保证。

随着现代化的发展，人类在享受现代设计的同时，也逐渐忽略了对生态环境的关注，以致出现了设计脱离自然的情况。"绿色设计"理念是当前的热点，随着这一理念的兴起，人们开始关注环境问题，并开始思考"设计"如何才能回归自然、以自然为根本。针对这一问题，设计师们也开始反思。如今人们的环保意识有了很大的提升，在日用文创产品设计的过程中，将绿色环保理念融入其中，不但有助于节能环保，也同可持续发展理念不谋而合。因此，在设计和生产过程中，对材质的选择应杜绝那些对人体有危害的材质，减少不可再生资源的使用和浪费，尽可能地降低对环境的破坏和污染，用"绿色设计"理念来设计日用文创产品。

在设计和制作日用文创产品的过程中选择可降解、可回收的材质，体现的是一种天然美，质朴的设计无论什么时候都不会过时，可以给人一种长久性的美学体验和精神层面的满足。

材质美除了材质自身所具有的独特美感外，还因为特殊的制作工艺赋予其一定的美感。就如同钻石一般，假如没有技艺高超的制作者以及高水平的切割打磨技术，就不能变成光彩夺目的钻石。因此，好的材质也离不开美的工艺，特别是产品表面的加工方式更是材质美表现最直接的手段。

纸作为一种生活必需品与我们的生活紧密相连。日本的福永纸工对纸展开了技术层面和艺术层面的探索。该厂借助于高水平的纸工技术以及新颖的设计形式开发出造型各异的纸品，因兼具实用性和审美性，颇受消费者喜爱，很多美术馆都对该厂所生产的纸品进行了展览。

2. 日用文创产品的意蕴美

日用文创产品的意蕴美体现在设计中注重吸收融合传统与现代的美学元素、激发人们的情感、注重人性化的生活细节。以现代化设计重组传统与当代的美学元素，为的是能更好地将现代化和日常化的美完美地呈现在消费者面前。

（1）器"蕴"相契

运用美学元素对产品进行加工重塑，实现传统文化与现代美学的融合，从而设计出具有审美价值和实用价值的日用文创，是一种有效拉近文化与生活的设计理念，表现出独特的生活情趣。

传统文化中蕴含的美学元素所呈现的是"对生命的祝福"以及"对未来美好生活的向往"。这种美学元素是我们所熟知的，因此也就成了日用文创产品设计所借鉴的东西。传统文化依然是现代文创产品设计的美学源泉，很多设计师都会选择利用传统文化的元素来进行创新，力求在设计过程中完美地将古今美学上的各类元素相融合，表达一种将传统美与现代美有效结合的独特美感。从古至今，"吉祥"都具有非常重要的寓意，且传统文化的寓意象征表现出很强的稳定性，所以当一些文创载体与特定的美学符号巧妙地结合之后，产品的立意自然就高出许多。如祥云香托（图5-8）和"年年有鱼"檀木香盒（图5-9）就是运用了这样的设计理念。前者是将如意祥云纹饰加入其中，寓意祥瑞和对未来美好生活的期盼；后者是借助"年年有余"的谐音，表达了美好祝福之意，鱼在古代也是吉祥的象征，现如今也常用"锦鲤"一词来代表好运势。两种产品的设计完美地将文化意蕴融入其中，将吉祥寓意融入香道，让人们在休闲放松时、喝茶小憩时，香气萦绕在四周，使日常生活中也充满了禅意，这样传承的思想极具时代特点。从古至今，文化始终代表着当时的社会、经济以及政治状态，文化产品的灵感都源于日常生活，最终也被运用到日常生活中。

当代生活现状其实也是文化创意的来源，只要设计师真正了解当下的社会，对各类生活现象进行总结分析，就可以设计出具有时代特点的文化创意产品。设计师们可以在

图5-8　祥云香托

图5-9　"年年有鱼"檀木香盒

生活中直接找到创意灵感，设计出多种多样的日用文创产品。

　　文化对人们生活的影响是潜移默化的。人们之所以会关注各类日用文创产品，其本质还是为了让自己的生活变得更加美好，实质上是对自我内心的关注。日用文创产品通过一种轻松、休闲的方式，与文化构成的特有的符号结合，使其在具有实用价值之外兼具审美价值，形成一种关乎人们日常生活方式的独特文化体系。

　　（2）物以传情

　　在日用文创产品设计中，情感也是不可忽略的一个因素。"不同的生活场景会导致人们产生不同的情感，人们在某些特定的环境中，会根据情景的不同产生不同的反应。"日用文创产品通过对生活情景的构造，营造一种情感生活场景，当这种情景呈现在消费者面前时，就会同消费者产生情感共鸣。一个优秀的日用文创产品通过人的感知进行重组和定义之后，赋予其一种情感价值。"我们为这些器物的存在而自豪，并非炫耀财富或者地位，而是它们给自己的生活带来了真正的意义。"

　　在日常生活中，我们所使用的日用文创产品都具有一定的内涵、寓意，其中所蕴含的意义是需要通过接触和体会才能够感知的。消费者在消费过程中，若一件产品与其自身产生了情感共鸣，那么他很大程度上就会选择这个产品。因此在日用文创产品设计中，将情感融入其中，能使产品在特定的环境中给人一种会说话的感觉，会促使消费者与产品产生情感共鸣，继而达到唤醒记忆的目的。

　　随着社会的不断进步，人们在物质方面的需求基本上已经能够得到满足，渐渐地，人们开始注重精神层面上的追求，希望日用文创产品能够在设计中融合感官维度，以此来提升自己的情感体验。因此，在对日用文创产品进行设计时，合理地将情感融入其中，赋予产品一种鲜活的生命力，能更好地与消费者之间进行沟通，不但可以满足消费者精神层面的追求，同时也能激发他们对美好生活的向往，起到调整心态的作用，这种设计理念可以较大程度地提升产品的价值。

　　情感化设计启发了文创设计师们，他们开始站在不同的角度来揣摩产品与人、产品与环境间的关系。在日用文创产品设计中，不仅仅要满足消费者的功能需求，同时要关注产品与使用者之间的互动、关注消费者的情感需要，只有这样才能更好地满足消费者对精神层面的追求，更好地服务于人。

　　（3）器以载"道"

　　在中国传统文化中，"道"通常是抽象的、神圣的，是让人难以感知的。它所蕴含的内在意识是自然事物运行的规律，而这种规律只有"圣人"才能认识、掌控。明代泰州学派的王艮运用自己的理论将这个富有神秘色彩的"道"拉回百姓生活中，他认为"百姓日用即道"。这里的"百姓日用"所指的就是日常生活中人们的各种行为活动，"道"

是指在日常活动中出现次数最多进而自觉形成的合理、方便与简易的规则与体系，这一体系通常因为跟我们过于密切而不被重视。好的日用文创产品应能将人们的生活方式、生活之道借助于物这一载体展现出来，体现以人为本的思想。

日用文创产品服务的对象始终是人，因此在设计时要注重实用性与人性的结合。日用文创产品不仅是为了满足消费者对产品的使用需求，更是为了展现产品所蕴含的内在意义，即服务大众，确保产品与人之间能和谐相处。生活中人们常常会做出一些无意识的行为，比如雨天人们收伞后会下意识地将伞上的雨水甩掉，学生做题遇到困难进行思考的时候会无意识地转笔。由此可见，"人的行为可以分为两类：一类是由意识和意志控制的行为；另一类是由下意识决定的、受自然限定的行为，这种活动一般被看作是自动化行为。"设计师在设计时应将人们的无意识行为纳入进来，以更好地服务人类。

一般人都不太会注意生活中的细节，但正是这些细节组成了我们美好的生活。细细品味，生活中的许多细节都蕴含着美好。Qualy品牌翻盖杯（图5-10）的设计理念就源于生活中的细节。该杯子是用来刷牙、漱口的，在刷牙时正面盛水，刷牙完成后将其倒过来放置就变成了放置牙刷的器具，一杯两用，非常方便。好的设计是为了引起人们对生活的重视，通过精心的安排规划，让消费者在使用产品时能够更加便利，继而在今后的生活中注重细节，发现细节中的美。

图 5-10　翻盖杯

由此可见，日常生活是具体、直观和感性的，充满着无数等待被审美发掘的细枝末节，而谁能抓住这些细枝末节做一番精心的审美设计，谁就是生活的美学家。而从生活细节入手的审美设计更能打动人心。"人性化体现了以人为本的设计理念，这是对人在社会发展中主体地位的肯定。"把人性化设计作为日用文创产品的价值取向，能更好地服务于人。由此可见，日用文创产品的设计是为了更好地服务生活，让人们享受生活中的美好。对于器以载"道"的"道"而言，就藏在最平凡普通、每天重复的日用之物里。日用文创产品中处处体现着人类的经验与智慧，所以在日常生活中我们要善于发现生活中美好的细节，找出其中隐含的意蕴和情感，这就是日用之道，而这个"道"往往最容易被我们忽视，却又时刻围绕在我们身边。

（三）情感体验与文创产品设计

文创产品在设计时，应从视觉、听觉等多方面考虑，其中视觉感官上的刺激对于消费者来说是最为直接，也是最容易实现的方式之一。

1.情感体验下文创产品的设计开发

体验设计是指在设计过程中不仅要考虑外观或功能，更应考虑到消费者使用时的感受，做到从消费者出发。若是能达到这个层次，体验设计才是真正做到了以消费者的需求为基础、以体验为目标、以人为中心。情感体验的理论主要分为本能、行为和反思三个层次，每一个层次对于消费者而言都有不同的作用，设计时的研究方法也都有所不同。消费者对文创产品的反应包括接受、认知、了解和情感。想要创造出消费者喜爱，并想进一步了解其背后承载的文化和精神内涵的文创产品，就应将历史文化和创意通过情感体验的设计方法与产品相结合，明确情感方向和文化内涵以及宣传载体，做到有效传达。

（1）多感官情感体验，唤醒文化记忆

文创产品的外观给消费者视觉第一冲击感，而触觉上的体验更多的是通过材质和纹理，在情感上的满足主要依靠产品的功能。文化记忆存在于消费者的内心深处，通过日常生活积累，在基于情感体验的文创产品设计上，多感官体验的方式可有效地刺激消费者，引起共鸣，同时满足消费者的需求。

（2）强化品牌文化，丰富创意

体验文化是多元化的，文创产品的种类亦是丰富多样的，文创产品想要高效准确地传递文化情感，需要强化文创产品的文化主题，增加其文化的独特性。在文创产品的设计上仅具有实用功能是远远不够的，品牌文化才是其灵魂支柱。设计师需要将重心倾向于品牌文化，然后在情感体验的基础上增添创意设计，打造消费者所认同的情感和精神的物质载体。例如，随着宫廷戏《延禧攻略》《如懿传》的开播，掀起了一波故宫文化热潮，故宫文创产品的设计，在还原和弘扬历史文化的同时，不断创新、大胆尝试，十分有效地宣传了故宫文化。这些文创产品让被逐渐被淡忘的国粹精华得以以全新的形式展现在消费者的眼前，营造出强烈的视觉冲击感，让人不禁感叹大红色、正绿色、黑色等这些在设计中慎用的颜色竟能如此地完美结合。

2. 情感体验在文创产品中的运用

（1）基于本能层级的情感体验设计

本能层是直观的感受，其设计原理源于人类对于产品的外观、质感等一切能产生刺激的因素的本能。基于本能层级的文创产品在设计开发中，不仅要表现文化的独特性，还要通过具象转化的工艺和技术与传统纹样相结合。消费者购买产品时，有一定的审美反应，能否让消费者感觉舒畅并产生购买欲是很考验设计师的审美和塑造能力的。市面上的文创产品几乎千篇一律，没有将产品的独特性表现出来，更没有注重消费者的体验和感受，能否将文化内容与产品相结合成为重中之重。如苏州博物馆独树一帜，主打清新淡雅的风格，推出的春茶合作款更是好评如潮，许多顾客表示，买的不是茶，是腔调；而素有"古都明珠，华夏宝库"之称的陕西历史博物馆，在文创产品的宣传上结合了大唐仕女的形象，把大唐风韵表现得淋漓尽致。以上这些对于开发体验式文创产品有很好的借鉴意义。

（2）基于行为层级的情感体验设计

行为层级的产品设计原理主要来源于人类日常生活中的行为和方式，与消费者给出的反应和评价密切相关。行为层级的体验式设计具有可用性和逻辑性，与消费者的体验挂钩，需要深入研究文创产品的功能与效用。许多设计正是因为没有考虑到消费者的情感体验才变得糟糕，如输错信息就得从头开始而无法退回的网站、在线阅读或观看视频却会跳出一堆杂乱的弹窗广告等，这些不仅影响使用，还给用户带来了不愉快的情感体验。想要突出文创产品的与众不同，不仅要从产品设计的可用性上考虑，还需要兼顾消费者的使用感，这些都是设计师需要思考的。在功能方面，文创产品不仅要好看还得实用，同时在效用方面，还要作为载体进行文化的传播。市面上大多数文创产品的价格出现两极化的现象，价格低廉、做工粗糙的无法勾起消费者的购买欲，而许多价格昂贵的产品虽然做工精美、造型独特，但过高的定价却让大部分消费者望而却步。因此文创产品的设计应兼顾生活用品的功能和中国的传统文化，如红点奖获奖作品"上上签"的设计灵感来源于作为中国传统文化的求签祈福，将其与生活用品中的牙签相结合，这种独特的设计方式让消费者在感受到情感体验的同时，进一步了解了中国传统文化的独特魅力。

（3）基于反思层级的情感体验设计

作为最高一层的反应，反思层级的设计基于人们的情感、心理、认知感受。基于反思层级的情感体验设计，不仅要从消费者本身出发，而且要将他们所受的文化、民族风俗，乃至生活环境都考虑在内。反思层级的设计要想表现文创产品的价值，应与其背后的故事、情感、文化等特点相结合，将文化意义和情怀内涵通过故事情景等方法更好地传达给消费者。当前设计师所面临的最大难题无疑是如何将无形的文化与有形的产品相融合。地域和文化的不同也会影响消费者的情感体验，产生不同的特征。以颜色为例，自古以来白色对于国人来说象征着死亡和凶兆，亲人去世后披麻戴孝、摆设灵堂、出殡打幡等所用都是白色，而在西方，白色是他们的崇尚色，象征高雅的事物，如新娘的礼服也多以白色为主；红色是国内的崇尚色，有喜庆和吉祥的寓意，对于西方而言，红色却代表着危险，象征着残暴和血腥。

综上所述，挖掘文创产品的独特性，在设计过程中"以人为本"，从本能层、行为层和反思层三个层次全面考虑，设计出具有情感体验的文创产品，才能让消费者在使用的过程中得到情感和精神上的满足。

第六章 文创产品的品牌设计开发

第一节 文创产品及品牌形象

一、文创产品

随着消费大众审美水平的提升，消费者购买商品时已经不再满足于商品的品质和功能，在这样的环境下，文化创意商品（以下简称文创商品）应运而生。文创商品不同于过去的商品，更加注重文化的核心价值，其追求的不仅仅是外观、功能与价格，而更多地追求创意价值设计以及打动人心。所谓文创商品，即以某一文化为基础，通过设计加入创意而再生的商品，是智慧财产的体现。故而在当今社会，在视觉、品质、性能与文化等方面均能打动人心的商品，才称得上是成功的商品。当然，光有文创商品还不够，还要将文创商品更好地推广出去，这就涉及了文创品牌的设计开发。

二、品牌形象

目前品牌行销已然是大势所趋，这使品牌无所不在，并且受到各组织、公司的高度重视。品牌是一个商品所有的体验，包括信赖、个性、可靠性、信心、朋友、地位、经验的分享等。

（一）品牌的定义

简单地讲，品牌是指消费者对产品及产品系列的认知程度。

品牌是人们对一个企业及其产品、售后服务、文化价值的一种评价和认知，是一种信任。品牌已成为一种商品综合品质的体现和代表，当人们想到某一品牌的同时总会和时尚、文化、价值联想到一起，企业在创造品牌时不断地创造时尚、培育文化，随着企业的做强做大，品牌不断从低附加值向高附加值升级，向产品开发优势、产品质量优势、文化创新优势的高层次转变。当品牌文化被市场认可并接受后，品牌才产生其市场价值。

（二）品牌的构成

品牌是制造商或经销商加在商品上的标志。它由名称、名词、符号、象征、设计或它们的组合构成。

一般包括两个部分：品牌名称和品牌标志。

一般意义上的定义：品牌是一个名称、名词、符号或设计，或者是它们的组合，其目的是识别某个销售者或某群销售者的产品或劳务，并使之同竞争对手的产品和劳务区别开来（市场营销专家菲利普·科特勒博士）。

作为品牌战略开发的定义：品牌是通过以上这些要素及一系列市场活动表现出来的结果所形成的一种形象认知度、感觉、品质认知，以及通过这些表现出来的客户忠诚度，总体来讲，它属于一种无形资产，所以品牌是作为一种无形资产出现的。

品牌的创建是一个系统工程，需要激情、智慧与信念。品牌的强大取决于品牌领导力，其中，定位（Position）是方向，平衡（Balance）是方略；平衡中蕴含定位，定位使平衡具有力量。这就是 IBF 品牌之道"平衡力"理论的精义。

品牌是企业或品牌主体（包括城市、个人等）一切无形资产总和的全息浓缩，而"这一浓缩"又可以以特定的"符号"来识别；它是主体与客体、主体与社会、企业与消费者相互作用的产物。

品牌是用以识别某个销售者或某群销售者的产品或服务，并使之与竞争对手的产品或服务区别开来的商业名称及其标志，通常由文字、标记、符号、图案和颜色等要素或这些要素的组合构成。

（三）品牌的起源

"品牌"这个词来源于古斯堪的纳维亚语 brandr，意思是"燃烧"，指的是生产者燃烧印章烙印到产品上。最古老的通用品牌在印度，吠陀时代（9000~10000 年前）被称为"Chyawanprash"，被广泛应用于印度和许多其他国家，以受人尊敬的哲人 Chyawan 命名。意大利人是最早于 1200 年代在纸上使用品牌水印形式的。

（四）品牌的内涵

品牌最持久的含义和实质是其价值、文化和个性；品牌是一种商业用语，品牌注册后形成商标，企业即拥有其专用权并获得法律保护；品牌是企业长期努力经营的结果，是企业的无形载体。

为了深刻揭示品牌的含义，还需要从以下六个方面进行透视。

属性：品牌代表着特定商品的属性，这是品牌最基本的含义。

利益：品牌不仅代表着一系列属性，而且体现着某种特定的利益。

价值：品牌体现了生产者的某些价值观。

文化：品牌还附着特定的文化。

个性：品牌也反映一定的个性。

用户：品牌暗示了购买或使用产品的消费者类型。

基于上述六个层次的品牌含义，营销企业必须决策品牌特性的深度层次。

（五）品牌的五要素

1. 品牌忠诚度

是指消费者偏好特定品牌，并且拒绝购买其他替代商品的程度。品牌忠诚度通常用来衡量重复性销售的多少，同时也从侧面反映了消费者购买同一公司其他商品的可能性。

2. 品牌知名度

是指品牌对于消费者的影响程度。指消费者在特定的商品类别中记忆某品牌的能力，因此，品牌知名度能提供品牌熟悉性和承诺。

3. 知觉品质

直接与商品销售息息相关。指消费者对某品牌品质的看法。

4. 品牌联想

是指当消费者对于某种商品产生需求时，其想到该商品时，第一时间联想到的品牌。

5. 品牌智财权

是指品牌专利权和注册商标等。

（六）品牌的五个层次

1. 消费者视品牌为产品

消费者的需求来自产品，而非品牌。但品牌让他们更愿意购买。

2. 消费者视品牌为识别

该品牌易于在众多的品牌中记忆与识别。

3. 消费者视品牌为企业

当企业名与品牌名相同时，会更容易被消费者识别。与此同时，企业的行为会成为品牌联想的一部分而为该品牌加分或者减分。

4. 消费者视品牌为使用者

什么样的人用什么样的品牌，品牌往往反映一个人的个性，那些凸显个性、身份、精神的产品也广受欢迎，或者至少受到特定族群的拥戴。

5. 消费者视品牌为体验

随着现阶段生活品质的提高，消费者在追求商品本身使用价值的同时也更加重视商品的附加价值，商品销售的服务体验也日趋重要。

第二节　文创品牌设计开发

现今的商品竞争手法日新月异，消费者对于商品的需求逐渐从单一物质需求转向多样化需求的方向，迫使市场竞争对于业者来说不再仅仅是商品质量和销售数量的考量，还包括如何设计品牌形象及提升知名度等行销策略。

一、市场调研及分析

（一）消费者印象

消费者对于一个商品的印象，除了过去我们常提到的质量和价格，当下商品与商品之间的差异和战争主要体现在品牌之上：一个成功的品牌，可以让消费者产生认同感，产生信赖。而要打造一个成功的品牌，我们就要对其商品赋予意义。在此，以左岸咖啡为例，提到广告故事，成功的广告故事一定要有其能够打动人的地方。而这也是文创商品与普通商品之间的区别，文创商品加入了文化和创意，它已不再仅仅是一个单一的商品，而是带有故事的、能让人产生共鸣的文创商品。在当今社会，品牌即品质，品牌即承诺。

（二）同类文创商品分析

同类文创商品分析即为竞争者分析，应涵盖优势以及劣势两个方面，包括品牌诉求、目标族群、行销通路、包装特点等，分析其劣势可以帮助我们发现有什么是竞争者没做到但是我们可以做到的。其范围可以从同一区域的文创商品扩展到其他省份以致全国乃至国外的文创商品，国外的文创商品虽然并不能完全被划入竞争者的范围内，但是我们也可以学习它们的一些好的创意元素。不断开阔眼界，增加知识储备，才能设计出更加完善的文创商品。

（三）SWOT 分析

SWOT 分析主要分为内部和外部两个部分。内部的优势方面我们需要思考：该文创商品有哪些能够吸引消费者的地方，有哪些技术优势，有怎样的人才，运用了哪些新策略以及文创商品有哪些优势。内部的劣势方面主要有：无法满足哪一类型的消费者，缺失哪些技术或者设备，有哪些是做不到的以及政策未能执行成功的原因。外部的机遇方面值得注意的是：有什么合适的新商机，如何强化该文创商品的市场地位，有哪些新技术可以运用，国家政策的变化有哪些机会以及未来十年将如何发展。外部威胁方面：主要竞争者有哪些动向，是否无法跟进消费者的需求，威胁该文创商品生存的因素，国家政策变化的不利影响以及市场大环境的变化。

二、品牌形象与行销策略规划之具体可行性说明

（一）拟定文创品牌计划

拟定文创商品品牌计划，确定各阶段任务，设定目标。一个完整的计划，包括确保所有品牌相关的活动以及传播，并且能够反映、建立和忠于品牌的核心价值与精神。

（二）文创品牌形象定位与设计

文创商品品牌形象定位主要考虑三个方面：商品的设计理念、自身的特色和其精神内涵，从某种方面来说，以上三点和消费者的需求是密切相关的，可以说文创商品的品牌形象定位和消费者需求是相互作用、相互影响的。设计不同于艺术创作，设计是根据使用者的需要而产生的，是客观的，与之相反，艺术创作则是主观的想象，可以很有创意很精美，但是脱离了客观需求。提取该文创商品的设计理念、自身的特色和其精神意涵后，再将以上三点转化为设计元素，在文创商品上付诸实践，应用到品牌识别设计、包装设计以及展示陈列设计中。

（三）品牌识别设计原则

1. 差异性原则

以该文创商品品牌与其他文创商品品牌之间的差异为切入点，让消费者一眼可以识别出该品牌。

2. 实用性原则

让该文创品牌便于消费者记忆，并且能应用到各种不同材质的媒介上的同时不会影响识别效果。

3. 艺术性原则

随着大众审美的提高，品牌设计的美感和艺术性也日趋重要。

4. 时代性原则

任何品牌设计都不是一成不变的，而是随着时代改变的。即使是生存多年的知名品牌也会随着时代的变化而设计出适应这个时代的品牌商标。

三、文创品牌形象塑造

（一）文创品牌主题

主题是人们在文化与文明发展过程中逐渐形成的道德准则和价值观念，是在现实生活中经过观察、体验、总结之后的道德准则和价值观念。而叙事中的主题，与故事一起，构成了叙事的主要结构，劳伦斯·维森特曾经说过"叙事＝故事＋主题"，由此可见，故事是品牌叙事的表达形式，主题是品牌叙事传达的观念。文创品牌的主题非常丰富，重点强调品牌最强有力的突出主题，从不同维度丰满品牌形象，也使得消费者能从多维度了解品牌的成长点滴，从文创唯美的故事中更放松、更深刻地记住品牌，从而达到品牌形象塑造的目的。

首先，文创品牌主题必须传达品牌特有的核心理念和价值观念。主题既是品牌叙事的灵魂，也是品牌传达的核心价值，更是品牌对消费者的一种承诺。从文创品牌叙事的角度看，主题一方面反映了该品牌的核心理念（黄光玉，2006 年），另一方面则反映了客户内心的价值观（袁绍根，2005）。但无论品牌主题如何界定，均逃不过如表 6-1 所示的文创品牌叙事的十个主题类型。这些文创品牌主题类型从不同角度丰满了文创品牌形象，也更利于消费者从品牌成长的点滴中了解到品牌的成长与发展。基于营销故事学派观点，文创品牌故事主题亦属"认同型"，其目的在于告知客户"我是谁、我来自何处、未来方向在哪里"（Loebbert，2005）。由此，文创品牌故事的主题便也应基于创立者开创品牌的初衷、文创品牌的历史和未来的愿景三个主要方面进行展开。但因文创品牌的特殊性，其叙事主题带有更明显的内容特性、文化特性、创新特性和时代特性，从文创品牌时间叙事转变为文创品牌空间叙事，承载着文创品牌发展历程中富有意义的主题和观点。

其次，文创品牌故事主题务必向正向、积极、阳光的方向去引导（表 6-2），从而将品牌背景、品牌核心价值理念和品牌情感与客户内心的社会观、人生观和价值观串联起来，在消费者心目中建立一个积极的、乐观的、有责任的、有文化的形象，与客户的心灵建立关联与沟通，并获得客户的认可与偏好，而这样的文创品牌主题正是文创品牌精神的提炼与体现。

表 6-1　文创品牌叙事的主题类型

序号	文创品牌叙事的主题类型	具体表现	文创品牌案例
1	品牌起源于创立	品牌起源本身就是个故事，包含创始者创业历程、品牌名称、品牌起源等	故宫博物院文创品牌
2	品牌历史与转折	品牌在历史长河中的波澜转折与生死存亡故事	"山丹丹花"红色文创品牌
3	品牌的传统工法	品牌营造传统工法的坚守与坚持	琉璃工房
4	品牌与自然关联	强调品牌与自然的关系，体现天然、纯粹与自然	掌生榖粒
5	品牌与社会关联	品牌与社会、时代的关联故事	例外
6	品牌与客户关联	客户使用的经验、客户对品牌的偏好或依赖	诚品书店
7	品牌标签与标识	品牌特有的形象、图形、造型等标签识别	法兰瓷
8	品牌身份与个性	凸显品牌的独特个性与档次	IDo
9	品牌价值与承诺	文创品牌提供的品牌价值承诺故事	品家家品
10	品牌愿景与使命	品牌传达的美好愿景及品牌承担的使命	VVG 好样生活美学

表 6-2　文创品牌的主题观

文创品牌叙事的主题观	具体表现
正向的社会观	富强、民主、文明、和谐、自由、平等、公正、法治、爱国、敬业、诚信、友善
积极的人生观	幸福观、苦乐观、荣辱观、生死观、恋爱观、公私观、义利观、知识观等
阳光的价值观	马斯洛（Maslow）五大需求理论：生理需求（Physiological needs）、安全需求（Safetyneeds）、友爱和归属感（Love and belonging）、尊重需求（Esteem）和自我实现需求（Self-actualization）

（二）文创品牌叙事原型

原型是人类长期积淀在集体内心的无意识表现，卡尔·荣格（Carl Gustav Jung）认为其"是最深、最古老和最普遍的人类思想"。在远古时期体现为神话原型，在现在社会体现为艺术原型，在品牌世界体现为品牌原型。品牌叙事原型，从概念上看，它是消费者记忆中形成的能够反映品牌的整体性认知（Cohen，1987），又是消费者基于生活经验所形成的一种对于产品或品牌的共同期望（Sujan，1985）。从品牌看，原型是指消费者面临诸多抉择时，会基于自身内心所认同的文创品牌原型而认定决策倾向，对不同品牌做出评价与抉择。自品牌原型理论提出后，国内外学者对其开展了相关深入的研究，其中玛格丽特·马克与卡罗·S.皮尔森基于多年来对世界各类知名品牌的研究，结合人性四大动机理论，总结了品牌原型的十二种类型，成为各品牌叙事的主要原型学说，详见表6-3。

表6-3 品牌叙事的十二种原型

序号	品牌叙事原型类型	具体表现	文创品牌案例
1	天真者	单纯美好：天真、单纯、简单、善良的原型形象	香草铺子
2	探险家	喜欢挑战：激情、挑战、刺激、自由的原型形象	桔子水晶酒店
3	智者	真理之杖：科学、智慧、高知、格调的睿智者形象	方所
4	英雄	英雄之梦：英俊超能、坚毅果敢、爱憎分明的英雄形象	褚橙
5	亡命之徒	破旧立新：叛逆、逃避、无畏、孤独的原型形象	裂帛
6	魔法师	梦想成真：拥有超能力和神奇魔力的原型形象	阿芙精油
7	凡夫俗子	平平淡淡：平淡、温顺、谦和、实在的原型形象	无印良品
8	情人	爱情至上：追求爱情、浪漫、唯美的原型形象	Roseonly
9	弄臣	反对刻板：狂欢、幽默、乐趣、活力的原型形象	哈啤
10	照顾者	利他主义：关爱、信任、幸福、温暖的原型形象	糖村
11	创造者	人定胜天：创意、创新、探索、改变的原型形象	Apple
12	统治者	权力至上：实力、重量、规模、领导者的原型形象	故宫q版公仔

上述十二种故事原型，是横跨古今中外、各种故事文本的共同元素，是世界各国文化不约而同地共同的基础故事单元，是人类集体精神意志的集中体现。在这十二个原型中，天真者、探险家和智者三类表现为自我的个人主义；英雄、亡命之徒和魔法师则表现为不断挑战征服感；凡夫俗子、情人和弄臣则表现为渴望归属的欲望；照顾者、创造者和统治者体现为掌控欲。人类的记忆力是基于故事原型而发展起来的，因此对于文创品牌而言，也同样遵循上述品牌原型的十二种类型，各类文创品牌案例也的确都遵循十二种原型，每种文创品牌角色所体现的愿景追求与对应的原型亦不谋而合，在消费者被文创品牌吸引注意力之时，实际上消费者内心早已认同了该文创品牌所塑造的人物原型，抑或说，消费者内心的渴望与欲望与文创品牌的人物原型恰好一致，激发其某种共

鸣。由此可见，一个好的文创品牌故事，就是用文化脉络将不同原型要素与历程串接起来，一方面聚焦品牌的核心价值，另一方面聚焦消费者内心的情感与归属，通过文创品牌叙事的人物原型表征直达消费者心灵深处。

（三）文创品牌叙事情节

每个故事都有情节，文创品牌故事也不例外。一个好的故事情节，可以使"叙事中发生的每件事情之间都有着很强的逻辑性，前因后果之间的关系非常清晰……传奇品牌通过赋予品牌经历一个有序的、紧凑的、稳固的故事结构，从而对个性化叙事情节的展开起到了催化的作用。"品牌故事叙事的情节按照时间顺序和因果关系，一般包含开场、中场和结尾的三段式发展过程，这种三段式品牌故事叙事所反映的是一个"故事山"的模型，即"开头（Opening）、问题（Problem）、结局（Ending）"（图 6-1）。

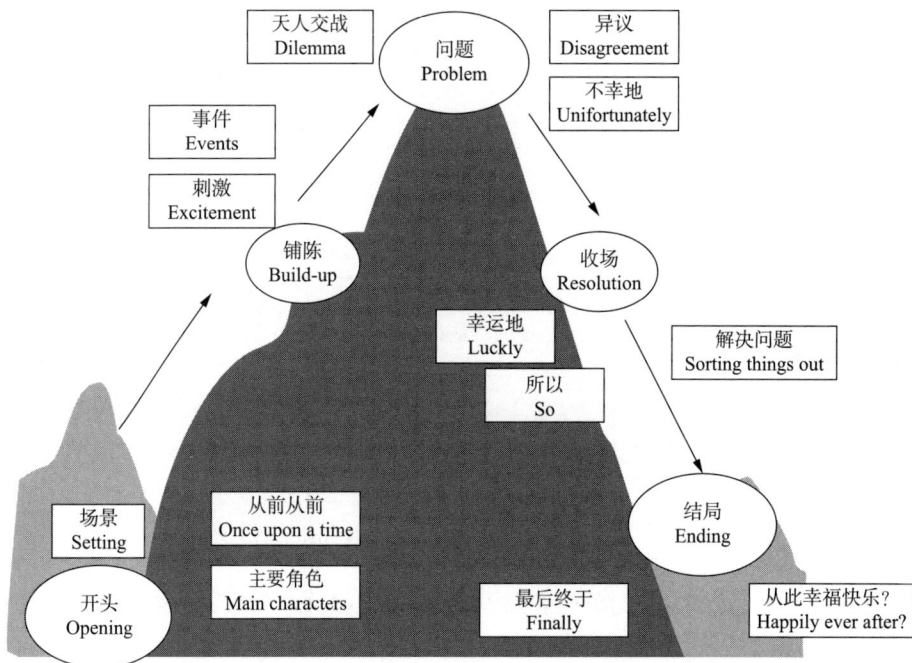

图 6-1 运用"故事山"设计故事情节

纵观所有文创品牌故事情节，其发展结构几近相同，几乎都经历典型的三段式历程（图 6-2）。从平凡的世界开始，经历一个品牌的重大苦难挫折，即历险的召唤。然而，危机产生之后的反应往往先是拒绝召唤，然后寻求出路，遭遇各种挫折与转折之后，品牌会发生淬炼与复兴，最终回归文创品牌创立的初衷与本源。这个发展的历程往往也是文创品牌创始者与继承者的故事山。

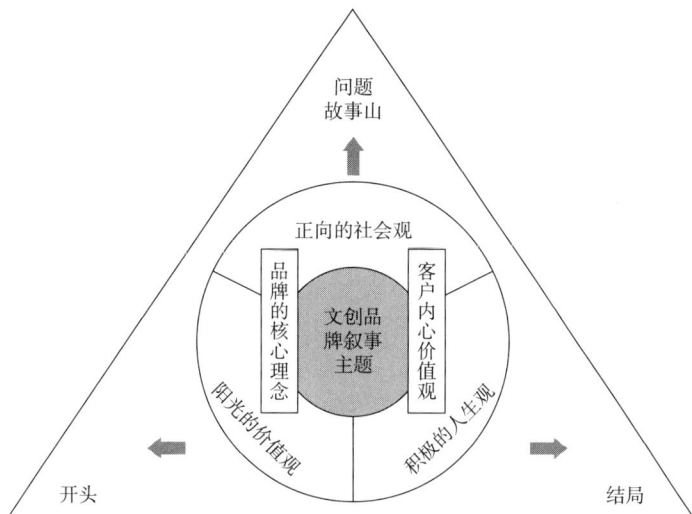

图 6-2　如何构建一个故事

四、传统元素在文创产品品牌设计中的应用

（一）在品牌视觉中的应用

国际知名品牌"维多利亚的秘密"年度时装秀是时尚界备受瞩目的视觉盛宴，其大秀的服装设计更是充分挖掘了世界各国优秀的传统元素。2017 年"维密"大秀在中国上海举行，向世界展现了中国传统文化元素的当代文化魅力。早在 2016 年"维密"的"The Road Ahead（前路奇缘）"主题单元中，就展示了多件带有中国元素的作品。"维密"在中国上海主办的大秀中，直接以我国传统元素"青花瓷"为设计对象，以整个"青瓷佳丽 Porcelain Angels"单元向世界展示了中国传统文化元素的现代美。

蓝白交织，花卉点缀，设计师将中国传统文化元素"青花瓷"的古典东方韵味展现得淋漓尽致。随着中国当代文化包容性提高，文化审美趋向国际化，加之文化消费市场日益繁荣，"维密"品牌更是旨在挖掘中国传统文化元素，赋予其品牌产品"中国味儿"的设计，拓展该品牌在中国的消费市场。

（二）在品牌产品中的应用

随着中国当代经济蓬勃发展，中国市场受到越来越多的国际品牌青睐，国际品牌无论是在产品的设计还是广告的宣传上，也常运用我国传统文化元素，如他们常使用瓷器、戏剧、传统图案、剪纸、刺绣等传统中国文化元素符号，这些元素使得品牌具有中国传统文化特色。利用本土化品牌营销策略，寻求品牌在中国市场的品牌认同，收获市场价值。例如，路易威登（LOUIS VUITTON）在 2018 年农历狗年推出的"狗年生肖"元素的限量版手包；纪梵希（GIVENCHY）2018 年中国农历新年限定唇膏和散粉的包装，应用了传统的中国红和"腊梅"元素，实现了中国传统元素与品牌设计的完美结合；意大利设计师 Paola Navone 为意大利品牌 Eumenes 设计的座椅系列产品，巧妙地把融入中国大众日常生活的"编织袋"元素转化为视觉文化语言，传达了品牌独特的设计理念（图 6-3）。

图 6-3　国外品牌产品中的中国传统元素

除此之外，国际文化产业市场更是将中国传统元素推广到各行业人群。例如，2020年上映的迪士尼影片《花木兰》等；国际公司开发的多款如《魔兽世界》《英雄联盟》等网游中，游戏的角色设置、视觉设计、UI 交互方面也都能看到中国传统元素的再现。

因此可见，"传统元素"在文化产业市场中是一片绚丽的星空。在强调"文化自信"的民族文化战略背景下，国际市场在不断发掘中国传统元素，以迎合中国市场，创造品牌价值。作为中国年轻一代，在传统元素的了解、研究与应用上任重而道远，创新发扬本民族优秀的传统文化是值得我们面对的课题。因此，我们可得到一个启示：真正的文化自信不单单是对本国传统文化元素的直接应用，还是对传统文化及当代文化风格中共同元素的概括、提炼和创新，从而能更有效地传承与推广传统文化，形成当代年轻一代的文化共鸣，加深民族文化认同感，而后必当赋能"文化自信"强国战略。

（三）在品牌宣传中的应用

面对竞争日益激烈的市场环境，各行各业的发展都面临着严峻的竞争和挑战。不论是新兴的互联网企业，还是传统的服装行业，都无一幸免。就连作为中国运动品牌领导者的李宁，也在绞尽脑汁地为品牌打广告做营销。例如，其发起了一起非常有意思的活动——"拔罐宣言"，通过 3D 打印技术制作的创新火罐，为用户定制专属的运动宣言。

李宁的这支创意广告，以中医拔罐为开头，向用户讲解了拔罐对人体舒经活络的作用，然后借助国内外运动员的形象背书，传达中医拔罐在国际体育事业中所受到的认可，将"拔罐"这一名词与"体育、运动"巧妙地结合在一起。在活动的同时，李宁这种借力传统文化的方式，也使其"中国运动品牌领导者"的定位更加清晰，与"国家、民族"紧紧地联系在了一起，在用户内心营造出一种认同感和归属感。坚实的肌肉、明朗的线条以及热血的运动宣言，一切都与"运动"紧密相连，通过海报便可以将用户带入运动的场景之中。这一组海报不仅仅吸引了许多运动爱好者的关注，也吸引了无数路人的注意力。同时借助运动爱好者们的分享、转发以及个人对于运动的感悟，还可以吸引到更多潜在用户参与传播。

综上所述，传统元素在品牌中的视觉价值主要体现在：一是品牌的视觉追求。在全球商品经济急速发展的趋势下，品牌设计主要依托其视觉形象。"如何使设计具有视觉冲击力自然也是品牌设计师的主要关注点。"二是利用传统元素创造认同感。在品牌设计中加入传统元素，在品牌输入和输出的过程中唤起一种亲密意识，使消费者在同类产品中更加倾向于本国品牌。传统元素为品牌带来鲜明的地域特色，提高了产品在国际市场中的辨别力，从而提升了商品的推销力度。

以此分析，在文创产品设计中引入中国传统元素，将其与产品特点有机融合，将有助于形成本民族文化的身份认同，但是这种认同只有在文化内涵与产品特质结合起来的情况下才会发挥得更加透彻。在此基础上，我国的传统文化与文创产品设计结合之路才能更好地发展。

第七章　文创产品设计的传统材质与工艺

第一节　文创产品设计的传统材质

一、纸质文创产品的设计与开发

相比于其他材料，纸在中国人心中的文化地位是比较高的，纸质材料在我国文化环境中的应用也较为广泛。纸的优质属性便于人们对其进行加工和赋予其文化内涵，因此，纸与文创产品相结合，成为我国文创产品发展的趋势。纸质文创产品的种类较多，纸张的本身属性、平面工艺和立体工艺都是对其进行文创设计的基础和渠道。随着科技的进步和市场经济的发展，纸质文创产品的优势将会得到更好的发挥。

（一）纸质文创产品出现的原因

纸质文创产品出现的根本原因在于纸材质的独特性。不同材料有着不同的内在语言，如金属有着刚毅的内涵、木材有着朴素的内涵、玻璃有着通透的内涵，文创产品材料的实际选用上要与产品要表达的内涵有较为深刻的联系。纸不同于其他材料，纸张本身是纤薄、柔软的，没有其他材料的坚硬感，因此，纸张的内涵是特殊的柔性美，这种柔性美带给人们独特的触感和视觉感受。纸张具有优越的可变性和可塑性，相对金属、木材等材料来说，对纸张进行文创设计与开发显然更加简单和方便，更利于文创工作者充分发挥创意，也利于对其进行加工和改造。此外，纸张质地较轻盈，质量普遍较小，方便携带。

纸质文创产品出现的另一个原因在于是我国文创产品发展的大趋势。在我国文创产品产业发展的初期阶段，大部分文创产品注重的是产品设计，要求产品必须抓人眼球，以保障销售量，对材料的考究与选择较为单薄。金属、木头、玻璃、塑料等材质的使用虽然可以让产品设计更富有张力，却难以体现亲和的人文气息；而且，这类材料的应用使文创产品的原材料成本、加工成本、运输成本明显增加，导致文创产品售价较高，难以获得大众人气。除了价格因素，金属、木头、玻璃、塑料等材质的选用，也会增加环保压力，如果使用这类材质的文创产品数量过多，会对环境造成一定的危害。在此背景下，寻找一种具有人文气息、价格较低、具有环保性质的材料就成了文创产品选材的发展趋势，而纸质文创产品就是该趋势下的产物。

（二）当下纸质文创产品的设计与开发

1. 与纸张自身属性相关的文创产品

纸可以带给人多种感官体验，比如纸张颜色能够带来视觉审美体验、纸张质地能够带来细腻触感体验、纸张油墨等气味会带来独特的嗅觉体验等。不同纸张有不同的颜色、质地、柔韧度等，将会带来不同的感官体验，比如，卡纸色彩鲜艳、纸质坚挺；瓦楞纸板宽厚耐用、稳固性好等。基于纸张独特的质感属性，市面有许多与其相关的文创产品，较为出名的如中国泾县红星宣纸和日本美浓和纸。

红星宣纸是中国宣纸集团公司推出的产品，该产品质地细腻且绵韧，纸张纹理雅观大气，色泽经久不变。基于纸张的这些优质属性，品牌方还出品了"神品宣""超级宣""特种宣"等产品，并获得了可观的销售利润。现在，红星品牌不仅将其名下的特制宣纸作为文创产品进行销售，同时还出售宣纸相关的衍生品，如宣纸灯、宣纸屏风、宣纸扇、宣纸包装等，人气居高不下。

美浓和纸在日本具有很高的文化地位，其制作工艺已经延续了千年。谷崎润一郎（Tanizaki Junichiro）曾描述该纸"肌理柔和、手感柔软、折叠无声"，该纸独特的制作工艺和选用的特殊造纸原料使其具有"不老化、不变色、保存久"等特点。美浓和纸文化公司在该纸的基础上开创了文创品牌，设计出的作品有和纸信封、和纸灯、和纸便签、和纸摆件等，其名下的文创产品笔笺在2018年日本文具店大赏中获得"最佳文具奖"，并收获了较高的市场评价。

2. 与纸张平面工艺相关的文创产品

纸张的平面表现手法多种多样，剪裁、绘画等方式都可以让纸张的平面造型变得美轮美奂。东方的剪纸艺术、西方的衍纸艺术都是对纸张平面造型的二次创造。剪纸艺术是我国非物质文化遗产之一，有着题材内容丰富、构图造型奇特、制作工艺突出等特点。由于剪纸艺术独特的文化性，它在我国的纸质文创产品设计中也占有一定地位，相关的文创产品种类较多。

例如，烟台市级非遗代表性传承人梁巧艳制作的"不怕水剪纸"系列文创产品，将剪纸的艺术性与生活的实用性相结合，开发了剪纸元素抱枕、剪纸瓷器、剪纸画框、剪纸团扇、剪纸魔方、剪纸拼图等大量文创产品，并获得了较好的市场反响。

纸张平面工艺相关的文创产品除了剪纸类以外，另一个具有代表性的是和纸胶带。和纸胶带不仅可以作为装饰品，使用者还可以在胶带上绘画、写字，将其作为自己的专属标签，其文化承载作用较为突出。和纸胶带行业的开山鼻祖是 MT 和纸胶带，日本 KAMOI 公司在工业胶带的基础上，通过将印刷新颖图案的和纸制作成胶带并售出，获得了消费者的青睐，随后，仓敷意匠、Hobonichi 等文创界巨头公司也相继推出和纸胶带文创产品；我国文化景区也推出了具有地域特色的和纸胶带，如中国台北故宫博物院"朕知道了"和纸胶带等。近些年来，年轻人的世界流行起手账文化，和纸胶带的受欢迎程度因手账文化的兴起更上一层楼，和纸胶带和手账二者成为文创界的完美搭档。

3. 与纸张立体工艺相关的文创产品

纸张的立体工艺通常体现为折纸艺术，借助一定的折叠技巧，将平面的纸张折成立体造型，不剪不裁，实现二维到三维的跨越。我国折纸工艺发展历史悠久，且折纸手法成熟，在世界上首屈一指。我国折纸类文创产品的制作工艺虽然较为传统，但是其承载的文化内涵通常来源于当代。

例如，武汉博物馆推出的手绘式 DIY 立体明信片，基于立体折纸技术，再融入文物的细节纹样，将明信片做成了可以站起来的艺术品，每张明信片都有相关馆藏物件的介绍，让使用者对该博物馆内的珍品馆藏有了更清晰的了解。

除了武汉博物馆外，我国其他文化景点也在售卖折纸文创产品，比如中国台湾三和瓦窑、苏州博物馆等，都在售卖与本地特色相关的折纸文创产品。故宫和麦当劳联名的折纸文创产品"故宫桶"，一经开售便获得了较高的人气，尤其颇受儿童的喜爱。中国折纸文创产品不仅享誉国内，更是名声在外。例如，艺术家刘通的折纸文创产品不仅作为国礼被各大博物馆珍藏，他还曾受到邀请，为爱马仕设计旗舰店的橱窗，可见其手下折纸艺术产品的受欢迎程度。刘通折纸文创作品的文化内涵多与当下时代背景有关，比如呼吁保护野生犀牛的作品《白犀牛》、纪念国际雪豹日的作品《雪豹》、向世界表达中国形象的作品《青花瓷》等。

（三）纸质文创产品的开发前景及举措

纸质文创产品具有良好的发展潜力。现代社会纸的种类越来越多，数量较为庞大，应用于文创产品的纸除了有名的宣纸、绘图纸、相纸、彩喷纸等文化办公用纸外，还有包装用纸如牛皮纸、卡纸、透明纸、标签纸，印刷用纸如道林纸、书写纸、书刊纸等。

随着现代工业的发展，越来越多的纸类被应用于文创产品的设计与研发中。这些纸品大部分价格较为低廉，文创成本不会太高，制作出来的文创产品售价虽然也不会太高，但是对于文创工作者来说，其性价比是十分可观的。而且不同种类的纸做出来的文创产品特性不同，丰富的纸品种类也让纸质文创产品的种类越来越多，满足了消费者需求的差异性，让纸质文创产品更受消费者欢迎。

除了纸品种类的丰富多样，纸的加工工艺也越来越多变。当下，纸质文创产品为了满足消费者对手工制品独特韵味的需求，一般为手工制作。不过面对庞大的市场需求，手工生产模式逐渐变成精品生产模式，手工制作的纸质文创产品售价也会逐渐变得高昂。面对这种市场环境，纸的加工方式不再拘泥于手工制作，也开始利用先进的工艺设备对其进行加工。例如，利用激光雕刻技术制作剪纸文创产品，其裁剪精度更高、裁剪速度更快、裁剪切口更加平滑；利用 3D 打印技术制作纸质立体模型，对纸进行重塑，生产出来的各种纸质文创产品将会变得更加精致，立体感更加强烈，带给消费者独特的视觉体验。这些加工方式虽然削弱了手工制作的艺术感，但是在市场的大需求下，不失为一种较为合理的生产模式。

要提升纸质文创产品的开发程度，除了要结合现代科技以及利用好现代设备之外，设计者还要提升自身对纸质文创产品的了解程度。以折纸文创产品为例，在进行折纸艺术文创设计时，设计人员可以根据我国传统折纸艺术的发展历程，在其基础上进行纸类的选择、模型的选择、技巧的选择等。此外，文创工作者还要注意纸质文创产品的多样化，纸质文创产品的设计不能一味地靠纸品本身。比如，剪纸文创产品的设计不能仅靠剪纸工艺作品，还可以在剪纸工艺的基础上将其设计成 DIY 剪纸产品，通过消费者亲自动手体验，满足消费者的动手欲望；折纸文创产品可以与台灯、花盆等摆件相结合，形成新的文创产品。总之，纸质文创产品的设计应该在保留纸的文化特性的基础上，结合具有人文特色的创新手段，不断发挥其独特的文化承载作用，以在众多的文创产品种类中占据一席之地。

二、陶瓷文创产品的设计与开发

陶瓷产品作为我国传统手工业中最重要的一个组成部分，其本身就蕴含着先祖的智慧。在我国古代丝绸之路中，陶瓷产品作为最重要的商品之一，承担了中国与其他国家文化交流的方式，以至于时至今日在很多外国人心中陶瓷都还是中国的代称。在现代科技迅猛发展的今天，陶瓷产品的创作和制作有了新的方式，能够更好地满足设计者的创新思维，同时也能满足人们的审美要求。

（一）陶瓷文创产品的设计原则

1. 满足消费者需求

无论是哪种文创产品，其最重要的一点就是满足消费者的需求，由于市场的消费者年龄、性别、身份等均不同，为此在陶瓷文创产品设计时需要根据不同的市场需求进行创作。陶瓷文创产品的研发人员、文案策划人员等需要在设计师设计陶瓷文创产品之前做好大幅度的市场调研，对不同阶段和层次的消费者进行调研，分析消费者喜爱的元素，然后让设计师根据消费者的需求进行陶瓷文创产品设计，以保证设计出的陶瓷文创产品能够满足消费者的物质和精神需求。

2. 以创意性为核心

和其他产品不同，陶瓷文创产品最重要的还有能够体现创意和创新，要求设计者在进行陶瓷文创产品设计时将设计灵感中存在的文化内涵呈现给大众，并且将具有特定象征意义的符号引入产品设计当中，让人们能够通过陶瓷文创产品感受到产品背后所蕴含的意义，让消费者在看到陶瓷文创产品时能由内而外地感受到陶瓷文创产品所具有的创造性和文化性。

在陶瓷文创产品的设计过程中，设计者可以对自身灵感元素进行提取、转化、抽象和重构。陶瓷文创产品设计者可以从我国丰富且极具特色的文化中捕捉和挖掘美的元素，让其成为自己的设计灵感，同时加入自身对于文化的理解和审美取向，这样设计出的陶瓷文创产品能够表达出设计者的自身情感，也可以表达出陶瓷文创产品所具有的意义。但是陶瓷文创产品的设计者必须意识到，无论是什么形式的创新都离不开对当下时代背景的考量，离不开对当前流行元素的使用。在进行陶瓷文创产品设计之前必须经过大量的市场调研，借助大数据了解当前的市场情况，了解消费者的心理，要知道消费者喜欢什么，同时确定目标群体。在选择完设计理念和消费群体之后，还需要根据其中所存在的文化吸引点以及文化内涵进行设计分析，对其中的寓意进行提炼。比如，在当前文创产品的设计中有很多设计者融入了影视元素，在进行陶瓷文创产品的设计时也可以融入影视元素，如影视剧《镇魂》是当下很多女性受众群体所喜欢的元素，陶瓷文创产品设计者可以将其中两位主要角色赵云澜和沈巍制作成 Q 版，在取得版权之后将其 Q 版形象制作成水杯、钥匙扣、手链等不同的陶瓷文创产品，这些不仅能够获得市场利益，也可以将陶瓷文创产品推向大众；陶瓷文创产品设计者还可以找到其中的内涵，发掘兄弟情，让大众意识到情感能够改变很多事情并且是能够推进事情走向的作用力。

（二）陶瓷装饰纹样的应用

陶瓷装饰纹样是体现陶瓷艺术的重要内容之一，可以直接体现出设计者自身的美术功底以及其艺术审美态度。很多陶瓷文创产品设计者在面对陶瓷装饰纹样时都会花费大量的时间进行创作，从陶瓷装饰纹样角度分析，采用最多的两种方式分别为植物纹样与几何纹样，在当前的陶瓷文创产品设计中，这两种类型的纹样都得到了有效的应用。

1. 植物纹样

在陶瓷文创产品的绘制过程中，有很多陶瓷装饰纹样选择了植物纹样。其中最具有代表性的纹样之一就是唐草，和其他植物纹样不同，唐草由于本身具有自由度高、曲线优美等不同的特点而被很多陶瓷文创产品设计者广泛应用。这一植物纹样的设计灵感来源于树木的缠枝，陶瓷文创产品设计者通过改变植物原本的卷曲形状，或者利用唐草本身所具有的连续性的波卷样式，让唐草图案最终变成了具有一定规律性以及规则性的植物纹样。很多陶瓷文创产品设计者在应用唐草这一植物纹样时，多半会选择制作成套的陶瓷文创产品，让消费者在应用这一套陶瓷文创产品时能够感受到属于唐草本身的独特感受，感受到来自唐草本身的流畅感。在植物纹样中还有很多具有独特意义的植物纹样，比如牡丹、莲花、竹子、梅花、桂花、柳枝等，由于它们本身具有特殊的象征意义，在当前的陶瓷文创产品中也被大量地使用，表达了人们对于美好生活的向往，在陶瓷文创产品设计中还可以应用很多在当前时代下人们赋予了新含义的植物纹样。

2. 几何纹样

几何纹样是陶瓷装饰纹样中比较常用的纹样之一，其中回纹与八宝纹这两种几何纹样使用的次数相对较多，这就要求陶瓷文创产品设计者在应用时要融入自身对于回纹与八宝纹的理解，让回纹与八宝纹散发出新的意义。在几何纹样中，回纹主要指的是利用来回迂折形成的"回"字纹路，当前很多陶瓷文创产品设计者在使用回纹时都对其进行了改良，包括二方连续排列或者四方连续排列，但是很多当代的陶瓷文创产品在应用回纹时都将其作为一种辅助装饰纹样，比如戒指、戒圈等饰品。八宝纹本身具有一定的寓意，古时在瓷器中应用八宝纹所代表的是对美好生活的向往以及吉祥喜庆，其本身是由八种寓意吉祥的宝物或器物环绕一周而形成的特殊纹样，但是在实际应用中可以发现，八宝纹是几何纹样中十分复杂且烦琐的纹路之一，无论是设计、烧制还是将其融入陶瓷文创产品中都具有一定的困难。陶瓷文创产品设计者在应用八宝纹的时候要发挥主观能动性，也就是不仅仅注重它的形状，还可以对其进行适当的改动和改变，将八宝纹更好地融入自己的创作中，这样不仅仅能够让八宝纹具有现代感，同时也能够让产品的设计元素变得更加丰富，具有一定的时代感。

（三）创意思维的应用

1. 传统文化的探索创新

中国传统文化一直以来都是现代陶瓷文创产品的创作源泉，在陶瓷文创产品创作设计中融入中国传统文化也是很多陶瓷文创产品设计师的灵感来源，在当前陶瓷文创产品设计中必须意识到，需要将中国传统文化融入陶瓷文创产品中去传承。如何利用好中国传统文化，打造出更符合人们审美需求的陶瓷文创产品是当前很多陶瓷文创产品设计师需要考虑的问题之一。

在陶瓷文创产品设计中，需要设计出生动形象并且具有鲜明时代个性的陶瓷文创产品，只有这样的陶瓷文创产品才能够在市场中获得较高的关注度以及大众认可度，在陶瓷文创产品设计者将中国传统文化应用在陶瓷文创产品中时，绝对不可以生搬硬套，将中国传统文化应用在陶瓷文创产品中不是将一幅传统的山水画刻印在陶瓷文创产品上，更不是给中国传统文化套上一个光怪陆离的故事。陶瓷文创产品的创新要求设计师结合中国传统文化和自己的审美理念、内心感受等来进行再次的创新设计，这样设计出的产品才叫作陶瓷文创产品，而且每一件精美的陶瓷文创产品的背后都有其自己的故事和深刻的文化内涵。陶瓷文创产品若要引发关注、赢得市场，就需要设计者在对中国传统文化深入了解的同时对中国传统文化进行保护性的开发。

陶瓷文创产品设计者需要分辨出中国传统文化中有哪些理念文化需要传承，有哪些理念可以创新。比如陶瓷文创产品设计者可以将《千里江山图》截取部分作为几何纹样应用在陶瓷文创产品中等，这样可以让人们在了解历史的同时对中国传统文化产生浓厚的兴趣；另外，也可以在陶瓷文创产品的制作过程中借鉴和复刻清朝的工艺，让消费者更好地感受到中国传统文化。

2. 互动式体验设计

当前的陶瓷文创产品设计中，增强互动式体验设计也是陶瓷文创产品重要的发展趋势之一，在陶瓷文创产品设计中有效地运用创意思维，可以增强消费者和陶瓷文创产品的交互关系，让消费者真正融入陶瓷文创产品中，更好地了解陶瓷文创产品的性能、感受陶瓷文创产品背后的故事。同时要求陶瓷文创产品设计者在设计中需要增加陶瓷文创产品的文化内涵，也需要考虑到如何让消费者通过陶瓷文创产品进行互动，增加陶瓷文创产品的文化属性。比如设计一套月圆月缺的茶具，设计者可以通过对茶杯圆缺的设计让消费者感受到月圆月缺，更加深入地理解团圆的意义。

三、壮锦文创产品的设计与开发

（一）壮锦创意产品发展现状

广西的工艺品以壮锦最为闻名，是广西壮族最有特色的手工艺品。近年来，各级政府对壮锦文化创意产业高度重视，但目前壮锦创意产品主要还是以工艺品为主，比如靠垫、杯垫、桌布等，虽然也极力迎合时代的发展，但与其他发达地区相比，还存在比较大的差距，主要存在以下问题。

1. 创意产品形式单一，文化特色不聚焦

目前市面上售卖的多以壮锦壁挂、抱枕、围巾、杯垫、挎包等为主，产品形式老旧，实用性及功能性不强，无法满足新时代人们的使用需求和审美需求。近年来也有一些设计人员对壮锦工艺品进行了创意设计，比如壮锦服饰、手提包、笔记本等，但设计主题不明确，缺乏鲜明的文化特色及时尚元素，产品形式单一，内涵不足。

2. 设计缺乏创新，同质化严重

好的文创产品离不开优秀的设计团队，广西的文化创意产业起步较慢，设计水平与发达地区差距甚大。文创设计的核心在于通过巧妙的创意实现产品物质功能与文化内涵的有机结合。目前，对壮锦文创产品的开发还停留在模仿、简单复制阶段，对壮锦的文化内涵挖掘不深，只对壮锦图案元素、符号进行简单的嫁接堆砌，未能很好地展示壮锦的精髓与魅力，大多数产品都是将壮锦元素生搬硬套地运用在丝巾、抱枕、T恤等物品上，同质化严重，实用性和创意不强。

3. 品牌意识不强，产业链不成熟

广西本地的文化创意市场竞争不强，基本是以小规模的公司为主，对壮锦文创产品市场的敏锐性还比较欠缺，对外文化品牌输出还比较弱；在壮锦文创产品的创意设计、营销策划、品牌推广等环节上品牌意识不强；另外，还没有形成产业化发展集群，文化创意产业发展平台尚未建立，产业链还不成熟。

（二）壮锦文创产品设计

1. 壮锦的艺术特点分析

壮锦是广西民族的文化瑰宝，这种利用棉线或丝线编织而成的精美工艺品，色彩壮丽、图案别致，充满热烈、开朗的民族格调，体现了壮族人民对美好生活的追求与向往。其图案题材广泛，构成的式样大致有三种：一是平纹上织二方连续和四方连续的几何纹，组成连绵的几何图案，显得明快而朴素；二是以各种几何纹为底，上饰动植物图案，形成多层次的复合图形，图案清晰而有浮雕感；三是用多种几何纹大小结合、方圆穿插，编织成繁密而富于韵律感的复合几何图案，有严谨和谐之美。传统图案有数十种之多，大都选取生活中象征吉祥幸福的花纹，以几何纹居多，常见的有回字纹、云纹、水波纹、编织纹、万寿花纹、蟠龙纹、龙凤朝四宝纹、四福捧花等各种花草和动物图案，凤的图案在壮锦中独占鳌头，因为壮族喜爱凤凰，视为吉祥的象征。近年来又增添了桂林山水、粮食丰收、葵花向日、民族团结等反映壮族人民新生活、新风貌的图案，使壮锦更加丰富多彩。

2. 壮锦文创产品的创新方法

（1）壮锦图案的再设计

根据壮锦图案纹样的特点，提取最具特点的形、色等元素，用现代构成手法进行变形和重构，重新排列组合，设计出新的壮锦图案视觉形象。还可以对壮锦图案元素进行局部提取，对局部元素进行运用，通过解构与混合获得新的视觉形象。壮锦图案的再设计就是选取最具壮锦特征的要素融合现代元素进行二次设计，既保留了壮锦图案本身的基本特点，又满足了现代的审美要求（图7-1）。

图7-1　时尚壮锦手提包

（2）壮锦元素与新工艺、新材料的结合

在文创产品设计中，材料和工艺是设计创意实现的方法和手段，壮锦元素与新工艺、新材料相结合，将带来新的设计思路，激发设计师的创造力。比如运用激光雕刻技术、3D打印技术等，将传统工艺和高新技术完美结合，刺激消费者的购买欲望。借助新工艺和新材料的多元性，有利于扩大壮锦媒介的传播手段。

（3）壮锦文创产品的趣味性、时尚性设计

具有一定趣味性、时尚性的文创产品容易引起消费者的共鸣，给人们一种轻松的生活感受。壮锦文创产品的延伸可以结合年轻人喜欢的动漫元素，在充分尊重壮锦艺术内涵的基础上，通过趣味夸张的表达，增加产品的趣味性。另外壮锦文创产品还需融合时尚元素、现代科技元素，使其在满足实用功能、审美功能以及娱乐功能的基础上既时尚又生动有趣。

（三）壮锦文创产品的开发原则

壮锦文创产品设计开发除了要遵循实用性原则、创新性原则、特色化原则之外，还应该尊重壮锦本身的文化艺术特点，不能只是简单地生搬硬套，而要在深入挖掘壮锦的文化内涵、文化特征、文化符号的基础上进行设计研究，抓住壮锦的地域特色和文化特色。另外要充分考虑消费者的需求，注重产品开发的系列化、系统化，避免无序的开发，以免造成资源的浪费。

四、竹制文创产品的设计与开发

（一）竹制文创产品的特征

竹制文创产品的特征会间接影响到产品的体验价值，加深产品在使用者心目中的印象。除具有普通商品的一般特征外，竹制文创产品作为以竹为载体，以竹工艺为表现手段的文创产品，还具有一定的独特性，具体表现为物质与精神的结合、实用与审美的结合、传统与现代的结合。

1. 物质与精神的结合

竹制文创产品兼具物质特征与精神特征，在设计时不仅要考虑产品的物质特征还要将竹材本身所附带的文化融入其中。这里的物质特征是指，竹制文创产品是能够看得见摸得着的物质产品，是精神文化的载体，可以满足消费者的使用需求。竹制文创产品最重要的就是精神特征，指的是竹制文创产品背后所蕴含的文化内涵，可通过物质产品体现，其精神特征越明显，越能受到消费者的青睐。因此，竹制文创产品的产生除了满足使用者最基本的物质需求外，还满足了消费者随生活方式和思想观念转变而逐渐增长的对产品内涵的需求。

竹制器物本身是物质的，但经过千百年的发展，它早已成了一种民族精神的外化形式。它的精神内涵不会随着时代的变迁而消逝，竹制文创产品进一步体现了竹制器物所具有的文化内涵与人文精神。相比于其他文创产品，最大的不同之处在于其使用的材料——竹，中国不仅是竹的发源地，更是竹材种类最多的国家。因竹具有弯而不折、折而不断、四季常青的自然属性，与中国传统的审美意识、道德观念有许多相似之处，自古以来就有不少文人墨客赋予竹美好的人格理想，借以抒发自身的情感。"竹在中国文化中远非一般纯生物意义上的植物，而是'人化'了的自然，积淀着中华民族的情感、观念、思维和理想等深厚的文化底蕴，构成一种反映与体现中华民族内在精神的外化形式的文化景观，一种传达与表现中华民族的审美趣味、宗教精神、人格理想的文化符号。"

竹制文创产品凝聚了竹文化强大的生命力，竹文化的核心是将竹人格化，赋予竹以人文精神，它在竹制文创产品中应用能够提升产品的内在精神价值，更迎合了热爱传统文化人群的需求。

在现今复杂的社会背景下，竹文化犹如一股清流满足了人们对于产品的精神需求。设计师在深入了解竹文化的基础上，运用发散性思维，对现代文化元素进行精心挑选、重新规整，最后与承载竹文化的竹制材料相结合，呈现出多样的产品表现形式，设计出更具精神内涵的文创产品。通过设计将优秀的现代文化元素与竹文化融入具有实用价值的文创产品中，能让消费者在使用产品的同时，自然而然地感受到产品中所具有的精神内涵，产生情感上的碰撞，受到精神文化的熏陶，在无形之中传播传统文化。

2. 实用与审美的结合

竹制文创产品更加注重实用与审美的统一。优秀的竹制文创产品在外观与构造的设计上，能够结合现代人体工程学，达到耐用性与舒适性的标准，使得文创产品既可以欣赏，又能够应用于生活当中，从而提高了产品的实用与审美价值。

在中国长达数千年的生产生活中，最初的竹制器物样式简单，仅具有实用功能，但随着审美需求的不断提升，人们开始对简单的器物施以装饰，进行改造与创新，赋予器物美的感受与体验，一直延续至今。随着生活形态的转变，人们的审美观念也在迅速改变着。竹制文创产品为适应现代生活环境，需结合大众化的审美需求进行再创造，才能提高其市场竞争力。人在追求美的道路上是永无止境的，每个人的审美标准不尽相同，有些人喜欢工艺精致的产品，有些人则喜欢造型独特的产品，消费者的审美需求越发多元化、个性化。竹制文创设计者需在掌握消费者审美标准的基础上进行设计，要拥有一双发现美的眼睛，发掘出符合现代审美的设计方法与表现内容，紧跟时代的步伐，将现代审美元素与竹制工艺巧妙结合，碰撞出新的火花，以满足不同群体的审美需求，设计出符合大众审美观念的产品。与一般的竹制产品相比，竹制文创产品在设计上融入了更多的艺术元素，在形态、色彩、材质、工艺等方面进行了艺术化的加工处理，表现出的风格或古朴自然，或精巧秀丽，或简洁明快，满足了当下社会多样性的审美需求，有着更高的审美价值。

3. 传统与现代的结合

竹制文创产品是传统与现代相结合的一类产品，它既拥有传统制作工艺，又结合了符合当代审美观念的现代设计方法。融入现代设计方法可激发传统工艺的活力，提升传统工艺的创新力，同时传统工艺也为现代文创设计注入了新的文化内涵，提高了产品的附加值，双方得以共赢。

中国具有深厚的文化积淀，弘扬传统工艺是我国文化发展的必然要求，将传统工艺与现代设计相结合的产品更具特色与吸引力。竹制文创产品是设计者在充分了解传统竹制器物制作的工艺流程、特点与文化内涵的基础上，结合现代设计方法、理念，从中发现传统与现代的契合点，制作出了打动消费者的文创产品。产品在借鉴经过长期积淀留存下来的传统工艺的基础上，结合现代的设计方法与思维进行创新与融合。一方面，可以使竹工艺在现代化进程中获得重生，进一步推动竹工艺的优化与完善，使得传统竹工艺不断丰富，并得以延续与复兴；另一方面，可以更好地传播竹工艺文化，加深人们对传统工艺的认识和了解，从而抓住消费者对传统工艺的敬重与喜爱之情，使竹制文创产品在满足日益变化的大众需求的同时做到常变常新。

（二）竹雕刻文创产品中的主要设计手法

竹雕刻设计手法是基于其文创产品特殊的材料性质而提出的，因竹材各部分形态均有所不同，设计者需在熟悉竹材特性的基础上，采用合适的设计手法，才能发挥竹雕刻文创产品以竹为材的独特优势，呈现竹雕刻文创产品最佳的表现面貌。

1. 具象元素的意象转化

竹材作为一种天然材料，整体造型简练且抽象，符合现代的美感规律，这种美是大自然赋予的。在竹雕刻文创产品的设计中，设计者需巧妙运用这种自然美感，在深刻感悟具象设计元素的基础上，将其意象转化雕刻于天然的竹材上。这要求设计者能够精确把握具象元素的本质与特征，做到"以形达意"，赋予竹材新的生命力。

优秀的竹雕刻文创产品需要设计者依靠生活实践的积累，在保留竹材原始形态的基础上，融合自身的理解，灵活运用夸张、变形、象征等手法对具象元素进行意象转化。将材料中无关紧要的部分省略，重点突出表现对象最典型的部分，发挥艺术想象力，利用竹材原料巧妙概括出对象的形态语言，增强造型的感染力与视觉冲击力，创造出形神兼备、气韵生动的新形象。这种似像非像之美能使使用者浮想联翩，从产品中体会到设计者丰富的想象力与所要表达的情感。

竹雕刻文创产品中将具象元素进行意象转化的设计手法常体现于竹根雕刻中。如作品《华装初试》（图7-2），作者通过在名称中点出"初试"二字，将材料过度弯曲的缺陷以人物低头、弯腰等形态自然而然又恰到好处地挽救过来，使其巧妙地转变成少妇低头试看衣服合不合身的优雅姿态。

图7-2 《华装初试》

2. 刀法与笔墨的相互融合

刀在竹上的雕刻痕迹与笔在纸上产生的痕迹截然不同，由于竹材属于硬质的材料，坚韧的纤维与天然的物理性质决定了它在雕刻的过程中不能像在纸上运笔那样灵活自如，刀法不自信刀痕就会显得毛糙且拖拉，这需要雕刻者在具有深厚基本功的同时，保持高度集中的注意力与清晰的创作思路来进行雕刻。

一般来说，最能表现用笔用墨韵味的当属浅刻与留青。阴文浅刻与其他技法相比表现力多样，通过深浅凹陷的刻痕能够展现出笔墨干、湿、浓、淡、清的变化关系。雕刻刀口的形状、用刀的角度与运刀的轻重缓急均能产生深浅粗细不同的刀痕变化，雕刻者需根据自身的实践找到适合的表现手法。传统的留青竹刻类似于中国的工笔画，其中竹青的厚薄层次变化好比笔墨晕染的效果。

此外，竹拓片在笔墨与刀法间扮演了特殊的角色。因竹材本身的弧面形态，雕刻内容在欣赏时会产生一定的变形，很难展现出雕刻作品的全貌，而通过传拓之后的刀法更为清晰直观。竹料会随着时间而消逝，但纸却能够流传千年，为更好地保留与展现原作的雕刻韵味，竹雕刻作品常被制作成拓片。

3. 光线与角度的巧妙运用

光线是贯穿竹雕刻文创产品从雕刻制作阶段到欣赏阶段不可或缺的因素。并且一件竹雕刻文创作品在欣赏时，随着光线角度的不同，能产生不同的虚实效果与意境氛围。

（三）竹雕刻文创产品的装饰艺术特征

消费行为往往是随着购买者对于产品外观的直观感受而发生的，竹雕刻文创产品的装饰艺术特征所呈现出来的审美价值，满足了使用者的情感需求，主要表现于工艺、色彩、肌理等外在因素上，这些因素不但具有美化与修饰产品外观的作用，还对竹雕刻文创产品装饰周围环境起到了间接的影响作用，有助于营造别具一格的审美环境。此外，竹材的肌理与色彩都是大自然所赋予的，巧妙运用竹材的特性，能够创造出具有不同温度与情感的文创产品。

1. 灵活的工艺表现

为迎合现代消费者多样的审美需求，竹雕刻的工艺表现语言日益丰富。随着互联网的普及，网络媒体的发展促进了各种艺术形式的相互交流，设计者在拓宽视野的同时，开始尝试将竹雕刻与其他工艺形式相结合。这种多种工艺相融合的形式，增添了产品的装饰感与艺术价值。

例如，竹雕刻与色彩之间的碰撞，产品采用彩绘、填色或是与大漆工艺相结合的方式，增强了雕刻内容的装饰感，同时与漆工艺相结合还能起到防霉、防蛀、防开裂的附加效果。此外，工艺的灵活性还体现在多种材质的融合上，人们不再局限于使用单一的材质，他们开始探索如何在不同材料与材料之间碰撞出新的火花。将天然的竹材与其他特色材料相结合，能够提升产品的附加值。例如，将玉料、金属、鹿角、螺钿等不同颜色与质感的材料经过设计加工后，与竹材相互拼接或是镶嵌于竹材中。每一种材料都具有不同的艺术效果，这种竹雕刻与拼接、镶嵌技术相融合的方式，将竹材的色彩、肌理与其他材料相互对比、相互衬托，突出了材质最本质的魅力，展现出别样的趣味，也在视觉上创造出独特的美感，增添了整体的层次感。此外，还有竹雕刻与烙画工艺相结合的形式，是雕刻与温度之间的对话，温度越高烙烫出的线条越深，制作完成后呈现出深浅不同的褐色图案，由淡至浓、由浅至深，层次丰富。烙画与竹雕刻相结合，整体效果古朴典雅，而未经雕刻与烙画的部分呈现出一种"留白"的效果，保留了想象的空间，独具艺术特色。

设计师们对于多种工艺表现的追求，强化了产品的装饰美感，以不同的方式满足了消费者多样的审美需求。也使竹雕刻文创产品以更丰富的面貌呈现，为产品增添了艺术性与情趣，给消费者一种耳目一新的感觉。

2. 多样的色彩表现

色彩作为竹雕刻文创产品外观装饰不可缺少的组成部分，直接影响着消费者的购买欲。而竹雕刻文创产品与其他文创产品色彩的不同之处就在于它的原材料来源于自然，其产品色彩表现力多样，自带一种天然质朴之感。

竹雕刻文创产品的颜色，一方面取决于竹材本身的颜色，不同颜色的竹材种类繁多，这为产品在颜色的选择上提供了更多的可能。除常见的绿色外，还有竹竿为紫色的紫竹；竹竿为绿色，沟槽为黄色的黄槽毛竹；竹竿呈硫黄色，竹间有数条不规则绿色纵条纹的黄秆乌哺鸡竹；竹竿呈绿色，表面有紫褐色或淡褐色菌斑花纹的斑竹等。同一品种的竹在不同外部条件的影响下，颜色也会有所差别，哪怕是同一竹子的不同生长周期、不同部位颜色也会有所不同。竹雕刻所用的竹料一般都为毛竹，竹材在没有老化或是晾晒之前呈绿色，之后叶绿素受到破坏失去原有的颜色，整体呈现黄色，这也是竹雕刻文创产品最常见的颜色。另外，经过晾晒之后，竹青部分呈现黄白色，整体明度高、饱和度低。去掉竹青后露出的竹肌部分，色彩呈黄色，且明度低、饱和度高。竹青的外表面附有一层蜡质，起到保护的作用，使其不易被空气氧化，相比于竹肌部分颜色变化较慢。留青技法制作的竹雕刻文创产品，就是巧妙运用了竹青与竹肌的颜色差，营造色彩的对比。在时间的滋养下，竹青与竹肌颜色上的差异悄然显现，留青的层次与效果也更加丰富且饱满，这就是留青产品为什么时间越久，产品吸引力越强、价值越高的原因。而竹黄色彩不同于竹青与竹肌，其纹理细密，色泽如玉，因此也有文创作品仅以竹黄作为表现材料。

另一方面，随着现代科技的进步，人们会对竹材在色彩上进行加工处理，从而满足多样的审美需求。常见的竹雕刻文创产品色彩主要有竹材本色、烟熏色、炭化色等。根据设计需要，有的设计者为保留竹材原有的天然色彩，会对竹材进行化学加工处理，这一类的竹被称为"保青竹"；有的为追求古典雅致的色彩效果，会使用红褐色煤竹进行创作，它是一种经过熏烤的竹料，传统的老煤竹是西南少数民族家中做饭屋顶上的竹材，颜色是经过长年累月的烟熏后自然形成的；还有的为追求产品深沉厚重的岁月感，会对竹材进行高温高压的炭化处理，既防止了竹材霉变，又增强了产品的美观性。

一直以来色彩与心理情感都有着不可分割的联系，不同颜色的竹雕刻文创产品能够引起不同的心理感受。一般刚制作出来的产品色彩效果较弱，但也能带来宁静柔和的视觉感受。随着岁月的积淀，经过使用的产品表面长期受到体温与汗水的浸染，色彩越发厚重凝练，红如琥珀，外表面也因长时间的自然氧化形成了光洁柔和的"包浆"，质感如玉的棕红色给人一种古雅、深邃的感受。再如，湘妃竹制成的竹雕刻文创产品，表面有自然的斑纹，整体上呈现出黄色与棕褐色相对比的效果，这两种暖色相互搭配呈现出雅致、和谐的视觉美感。在细节上，湘妃竹的斑纹具有随机性，每一块竹料都与众不同，还富有深浅变化，类似于中国画中的墨点晕染，更有一种自然的意境美。

3. 独特的肌理表现

竹材各个部分的肌理各不相同，具体可体现在竹竿、竹隔、竹根的部分，独特的肌理在整齐中又有不规则的变化。在满足功能与造型的基础上，竹雕刻文创产品巧用竹材独特的天然肌理，展现出材质本身的自然美，起到加分的效果。并且竹材的肌理有着返璞归真的质感，可以在消费者把玩或使用之间通过视觉与触觉呈现出来。在竹雕刻文创产品的雕刻创作中，切割方式的不同产生的肌理效果也不同。若将竹竿部分垂直纵向切开，可看到竹材内部的结构纹理：竹青与竹黄之间平行排列着竹纤维与维管束，线条感明显，越靠近竹青的部分密度越大，线条排列越紧密，质地也越坚硬，而越靠近竹黄的部分线条排列越宽，且更稀疏；位于竹节的部分，纤维管束弯曲，且夹杂大小不一的节孔，这种竹节处的缺陷，产生一种天然、独特的韵律感。若将竹竿垂直横向切开，可看到密密麻麻排列有序的类似于花瓣形的深色空心状斑点，这是竹材的竹纤维和维管束的断面效果，越靠近竹青处，竹纤维与维管束的形态越小，排列越紧密，斑点颜色也越清晰，在触觉上有一种凹凸感，整体呈现出粗糙质朴的审美感受，横切的角度越大，肌理效果变化越丰富。

第二节 文创产品的加工工艺

一、传统印染工艺

印染是我国具有悠久历史的艺术种类，在以往印染技术中，都以手工印染为主，凝聚着中华民族的精神与智慧。而在目前信息时代的背景下，传统印染技术在各种新技术的冲击下面临着非常大的挑战，对此，需要在当代文创产品设计中积极做好传统印染工艺的应用，使这门技艺在新时代中也能够发挥出重要的作用。

（一）传统印染特点

1. 取材特点

在传统手工印染中，其图案主要取材于劳动人民对美好生活的向往以及对自然的反映。其中，吉祥图案可以说是现今民间文化当中最为亲密的表现形式。在古代，人们对自然现象在认识方面存在一定的不足，无论是对洪水、闪电还是地震都有着恐慌情绪，因此在具体图案选择上更加倾向于驱灾求福。而在历史不断发展的同时，人们在美的需求以及思想情感方面也历经变化，印染取材随之发展，但大多还是同吉祥、美好有关，都表现出对生活的美好寓意（图7-3）。

2. 艺术特征

在传统印染当中，艺术形式多种多样，作品主题突出、纹样神似，在主体部分具有细致的刻画，且对比强烈、用线粗犷。主要以点线面为主，且在造型规律方面具有固定的结构性以及严格的形式美。而在构图方面，也具有一定的固定性，且在历史变化当中以较为稳定的方式得到传承。传统印染工艺都是师徒之间口口相传留下的，在刻画套版方面较为统一。

图7-3 手工印染蓝印花布"龙凤呈祥"纹样长方桌布

3. 色彩运用

在传统印染色彩应用方面，主要以山东临沂的彩色印染以及江苏南通的蓝印染为主，其中，蓝白两色是实际印染中应用最多的两种颜色。对于该种颜色的清新以及朴素特点来说，其同张扬之美形成了强烈的对比，并因此受到人们的欢迎。该种情况的存在，不仅是因当时印染工艺中蓝白两色较为成熟，而且同民族人文含义具有密切的关联。

4. 印染方式

在传统印染中，不同的工艺类型有不同的特点。其主要包括：

（1）扎染

扎染通常是以扎、捆、缝线、打结、折叠等方法，使布形成防染作用，而在染色完成后呈现出不同的效果。在扎染中，染料的自然渗透变化以及纹样边缘是重要内容。

（2）蜡染

在该方式中，将蜡作为防染剂，通过蜡刀的应用进行防染绘画，即通过蜡的应用做好不上色区域的密封处理，之后再进行染色。再以该方式处理后，最后的印染效果更为规整，同扎染的偶然性有较大的不同，且在以该方式印染中，可以根据需求形成"缤纹"，以此使作品具有更为丰富的效果。

（3）型染

该方式是使用刻刀在刷过桐油纸板上将需要染色的纹样刻下，依次进行套色刻板。在采用该方式染布时，色彩丰富、表现具体是最显著的特征。

（二）当代文创产品中应用传统印染工艺的依据

1. 民间艺术依据

在我国民间文化中，民间艺术是其中丰富多彩的部分，且在不同时期，民间艺术也代表着不同时代背景下人们的精神以及社会生活。如果失去了民间艺术，那么很多人将失去儿时的回忆，民间文化也将失去光泽。在传统印染工艺的创新应用中，民间艺术文化是重要的创作依据，其目的就是在积极传承我国传统民间艺术文化的基础上进一步发扬劳动人民智慧。

2. 传统工艺依据

印染在我国具有较为悠久的历史。从石器时代，我们的祖先就已经开始使用黄丹以及朱砂在织物上着色。在历史的不断发展中，印染工艺也在技术的发展过程中发生了较多的变化，从开始的单一染色到后来的丰富工艺，都是我国劳动人民智慧的结晶。在印染中，印染效果控制是十分关键的一项内容，其变化丰富，经常会出现一定的偶然现象，如扎染中的晕染、蜡染中的缤裂等。同时，印染也可以称为人同自然共同完成的作品，具有变化莫测的特征。

（三）传统印染工艺创新应用

1. 应用现代元素

对于传统印染工艺图样来说，在经过数百年发展之后，无论在色彩、纹样还是图形方面都已经形成了较多的经典作品，以此帮助我们更好地研究与学习。同时，在很多国外作品设计中，也应用到了较多的中国元素。对此，我们可以在现代文创产品设计中对国外的现代元素进行积极的借鉴应用，在实现国与国文化交流的基础上实现传统印染工艺的应用创新。比如在实际作品设计中，可以采用现代语言符号进行创作。虽然设计元素具有现代的特征，且国内外的区别较多，但在设计色彩以及形式方面依然可遵循传统精髓，与新事物发生碰撞，进而产生新的亮点，不仅使人在看到作品时能够眼前一亮，而且从整体角度看仍然富有中国特色。该种创新结合方式的应用，能够使我国传统印染产品无论在室内装饰还是其他方面都表现出更为亮眼的效果，在对整个室内空间氛围进行调和的基础上给人一种返璞归真的感觉。

2. 应用纤维材质

在传统印染作品中，往往只使用纺织材料，而在现阶段装饰市场中，文创产品在材料方面却十分丰富。为了能够将传统印染工艺更好地应用在当代文创产品设计中，可以从材料方面入手，进行大胆的改革与尝试，即不再将纺织品作为单一材料，可以根据作品实际确定需要融入纤维材料的类型，运用夸张手法突出主题。可以想象，将传统印染工艺同多种类型纤维材质搭配设计应用，再加上时代设计语言的融合，能够呈现出更具效果的艺术形式，这也是传统印染工艺新姿态体现的重要方式。

3. 应用花卉题材

在印染作品中，花卉可以说是其中经常应用到的主题类型，也是文创产品中的主要类型。在以花卉为题材进行主题设计时，可以从创作思路、表现手法以及设计灵感方面对其实现创新设计与应用。

以向日葵作品为例，向日葵是很多文创产品经常应用到的主题类型。在希腊神话中，更是有向日葵化身海洋女神的爱情故事。向日葵特征为茎部直立粗壮，圆形多棱角，有白色粗硬毛。叶子通常互生，呈心状卵形或卵圆形，前端锐突或渐尖，边缘具粗锯齿，两面粗糙，头状花序。在具体创作中，可以根据向日葵的自然形态对图案主体进行设计，尤其是其中斜纹交叉纹路的设计方式，按照该种方式形成具有自然规律特征的构图。作品中，几何设计语言是其中的主要设计元素，并按照离心方式构图。几何设计语言可以说是印染作品中经常出现的语言类型，能够给自然界赋予一种无法探知且非常神秘的感觉，在该作品中，则通过神秘感官表现向日葵曲折、悲凉的爱情寓意。而在构图方面，以离心构图方式的应用体现一种放射性效果，不仅体现出了爱情中受到伤害的爆炸情绪，也表现出了在冷静后继续守候的艺术效果。

二、传统皮影艺术

（一）皮影文创产品

1. 皮影文创产品的界定

皮影文创产品一般以皮影艺术多样的视觉元素为切入点，对皮影进行深入的分析与研究的同时，将皮影中的元素、色彩、构成等方面进行解构并重组。同时，运用不同的设计表现风格，将皮影元素与文创产品进行融合，在保证其文化内涵的前提下，以当代消费者的审美取向为基础进行文创设计，从而打造出一个有现代化、艺术化和抽象化的视觉形象。

2. 皮影文创产品的价值与意义

通过对皮影艺术的分析和不断深入挖掘皮影的文化内涵，并以此为基础设计出一系列皮影文创产品，可以借此唤醒大众对于皮影这种传统艺术的文化记忆，促进皮影艺术文化的传播。同时，皮影文创产品又可以凸显品牌形象与地域特色，实现文化推广与经济增长双重作用，扩大皮影知名度与影响力，从而助推皮影艺术的传承与保护。

（二）皮影文创产品设计原则及方法

1. 皮影文创产品的设计原则

（1）保留皮影文化的艺术性精髓

文创产品不能缺少艺术性，同样也不能脱离艺术美感，在设计时要考虑皮影文创产品的艺术性，使所设计的皮影文创产品具备一定程度的美学特点，从而给观者带来视觉上的享受。皮影所承载的是一段艺术文化历史，文创产品则是这段文化与消费者之间的艺术桥梁，所以在设计时应当准确地提炼出典型代表元素，通过文字、图形、色彩和点、线、面的组合与排列，并采用夸张、比喻、象征等手法来体现视觉效果，最后将设计通过各种产品载体呈现到大众眼前，使消费者获得一定的视觉享受并激发其购买欲望，以此来加强皮影艺术特征的表达与传播的目的。

（2）突出皮影文创产品的地域历史文化

每个地域都有其独特的皮影艺术文化，其所承载的精神内核也各不尽相同，皮影在中国经过广泛地传播传承和漫长地演变，在不同地区产生了许多不同的流派，其中最典型的是陇东皮影、泰山皮影、陕西皮影、四川皮影。各种流派背后所代表的不仅是当地的文化，更是我国几千年优秀文化的沉淀，泰山皮影是对于各个时代社会形态和生活方式的具体呈现，可以让当下大众突破时间和地点的限制，与历史文化进行艺术上的交流，将文创产品与泰山皮影艺术文化互相融合，使古今两个时代的艺术进行碰撞，有效促进泰山皮影艺术的传承和发扬。

（3）坚持皮影文创产品的创新性设计

优秀的文创产品大多具有独特的设计策略及思路，通过创新性的设计思路来解读特定的历史文化内涵。有创新性的文创产品一方面不仅能够吸引消费者的注意，让其为设计买单，提升当地经济，另一方面还可以提升消费者对产品背后艺术文化的兴趣，在提升当地经济的同时，也能够发挥更大的艺术价值。针对泰山皮影的文创设计，在其设计表现当中更需要具有创新性，通过对泰山皮影固有认知形象的再设计，转变消费者对泰山皮影的传统认知。

（4）把握消费群体的审美需求

在泰山皮影文创产品的设计中，为古老的传统艺术文化穿上现代审美的外衣是必不可少的。风格突出且造型优秀的商品通常被看作是有价值和质量的。"美学可用性"现象应用广泛，如消费者通常会用封面来判断一本书。书的封面越美观，人们往往认为内容就越有价值。并且当产品的功能性趋同时，这种现象最为直观。让人愉快的产品设计更能带给消费者积极的态度，它让用户更加关心产品。美学设计使人们更加忠于品牌，对于泰山皮影的文创设计来说亦是如此，泰山皮影文化创意产品可以通过良好的视觉感受来打造泰山皮影的品牌效应。近些年文化传播方式的变革中，故宫文创无疑是消费者最受欢迎的文创品牌之一，故宫凭借其优秀的文创产品火爆网络，其文创产品独特的视觉感受是使其文创产品大受欢迎的原因之一，因此在文创产品的设计中，产品拥有独特的设计美感是必不可少的。

2. 皮影文创产品的设计方法

（1）皮影元素的提取与再设计

元素的提取与再设计实际上就是文化要素的抽取和文化要素的重新创作两个阶段。在设计过程中，通过分析整体造型规律，再构成最小的造型单元，加之以重构、解构等设计手法来重新赋予文创产品价值。目前常见的文创产品设计方法就是对相关元素进行分析与提取，通过这种方式可以最大限度地保留其文化内涵。对于泰山皮影文创产品来说，通过对皮影造型元素的纹样进行提取，概括出几种最常用的色彩搭配，然后通过简化、组合、概括和夸张等设计手法对元素进行处理，最后对提取元素进行再设计，突破表面设计的限制，对元素所承载的特定文化底蕴进行符号和图形化的提取，在保留文内涵的同时又进行了创新，以创新的方式表现其文化内涵，同时确保产品的实用性。最后通过绘画或者是雕刻印刷的方式用于开发产品之上。

（2）皮影元素的归类与分析

元素的归类与分析是按照一定规律将皮影艺术中具有相似属性的造型元素，如头茬、身段、砌末等部分中的纹样进行归类的方法，通过对不同人物、不同部位的分析归类出点、线、面的共性要素，以帮助在多样本条件下筛选共性。同时，对皮影艺术中的共性要素进行合并，通过化繁为简，最终提取出皮影造型元素的典型特征。

（3）创建皮影文创产品的 IP 形象

IP 形象可以看作文创产品的吉祥物，同时是文创产品的"代言人"。日本熊本熊县通过熊本熊这一 IP 成功把这一形象植入全球消费者的心中，可以看出，一个优秀的 IP 形象不仅可以给所代表的品牌带来极大的消费流量，同时可以带给所代表的文化和产业以新的商机。对于泰山皮影来说，通过对 IP 形象的设计，可以让消费者和泰山皮影之间产生互动与情感连接；而对于消费者来说，在旅游挑选商品时往往会选择能够体现当地特色的产品，这就要求文创产品必须要设计出自己的 IP 形象来迎合消费者的心理需求。最后可以将 IP 形象进行衍生品开发设计，使 IP 形象由单一走向多元化，从而更能深入人心、更广泛地传播。

三、传统银器工艺

传统银器工艺是我国重要的非物质文化遗产之一，但现阶段，有很多传统银器工艺传承者缺少设计意识，重传承而轻创新，银器制品大多设计老旧，功能也难以满足现代人的实际需求。将传统银器手工艺与文创产品设计交叉应用是解决传统银器工艺制品缺乏创意的有效途径。

（一）云南银器的造型和纹样分析

1.云南银器的造型

云南银器制品造型十分丰富，但其造型的主要来源包括三个方面：一是对大自然中存在的事物进行模仿；二是对中原器物的模仿；三是为了提高器物使用的便捷性，开展创造和改良。云南具备独特的自然风光，这也让它的银器工艺制品有了更为丰富的模仿对象。农耕时期，各种田园美景成为银器手工业者主要的模仿对象，包括荷叶形托盘、蛇形手镯，等等，形态多样且外形优美。因中原地区的陶瓷、青铜器等工艺出现得更早，并且技艺更为成熟，很多器型的设计都较为完美，因此云南的银器产品也受之影响较大，对各类中原地区的器物进行模仿，包括银酒杯等。

2. 银器的装饰纹样

云南银器工艺产品的装饰纹样类型主要分为以下几种：文字类纹样、人物类纹样、植物类纹样、几何类纹样、动物类纹样、抽象图案类纹样。其中，常见的植物类纹样包括荷花、石榴花、梅花、兰花、竹子、菊花等；常见的动物类纹样包括麒麟、饕餮、龙凤、鸳鸯、老鹰、龟、蟾蜍等；几何类纹样包括三角形纹样、菱形纹样等；文字类纹样大多是具备祝福含义的汉字，包括福禄寿喜等字样，也会有一些佛教经文被雕刻在银器上；人物纹样大多来源于不同时期的历史故事或者神话故事；抽象图案纹样主要来自各种自然景观之中，经简化后雕刻在银器上，包括水波纹、云雷纹等。这些具备了独特民族气息的纹样和图案被一代代传承下来，被银器手工工艺传承者通过对称、连续、重复等图案排列方法进行雕刻，具备了极强的美感。而随着时代的发展进步，越来越多的艺术绘画风格出现，所以，对这些纹样图案也要予以改进和创新，将其制作成符合现代人审美的图案。

（二）传统银器工艺和文创产品设计交叉应用的意义

首先，传统手工艺产品大多只能满足人们的物质需求，在现代化市场中缺少足够的竞争优势。手工艺产品与工业化产品有着较大的差异，其制作周期相对较长、产量很低，并且手工制作的产品精细程度也无法和机械化生产的产品比较，非常容易出现瑕疵品。随着科技的不断发展，机械化生产成为主流，手工艺产品缺少了竞争优势。大部分人购买手工艺产品都更为注重产品内在的文化内涵以及人文情怀，而想要提高手工艺产品的经济效益和知名度，就必须抓住人们精神文化需求的特点。通过消费者对传统手工艺的好奇、向往等感情元素，以及消费者对于中华传统文化的热爱，打开手工艺产品的消费市场，所以在当今时代，传统手工艺产品的设计不仅要具备功能性，更需注重其情感设计。文创产品具备良好的使用价值和精神价值，这和当前手工艺产品的发展方向具有高度一致性。

其次，传统手工艺产品的设计相对保守，无法满足当代消费者的实际需求。在传统手工艺产品的生产过程中，其设计和制作一般都是手工艺人自己独立完成的，导致大部分手工艺人都只是对传统产品进行传承，却没有进行创新设计。并且当前从事手工艺产品制作的人员相对稀少，他们又往往具备了传统手工艺人的个性特征，更加向往安逸的生活，一般不会出现大规模手工艺人聚集的情况，在这样的背景之下，手工艺人之间缺少交流的机会，无法互相学习和进步，产品的设计创新更加落后。但是，文创产业是我国的新兴产业，该产业中拥有许多具备现代设计素养的设计师和制造商，它具备了创意更新速度快、设计理念符合现代人审美的优势，将其与传统银器工艺产品相结合，能够有效解决后者创新设计不足的问题。由专业的设计师对银器的造型和纹样进行设计，再交由手工艺人予以制作，而后将制作好的产品交给具备良好销售宣传意识的团队销售，能够大幅提高传统手工艺产品的经济效益和知名度，也构建起文创产品和传统手工艺相结合的研发生产新模式。

（三）传统银器工艺在现代文创产品设计中的交叉应用方法

1.造型创意元素的收集

在将传统银器工艺与文创产品进行交叉应用的过程中，首先就需要设计师进行造型创意的收集，而素材的收集也是设计师开展设计的关键步骤，素材收集的广度直接影响着设计师的设计思路。对各类素材进行收集，可以帮助设计师在设计过程中更得心应手、扩展眼界，有利于其发现更具创意的设计内容。资料收集的方法具体可以分为两种：一种是直接调查法，包括访谈法、观察法以及实验法；另一种是间接调查法，包括文献法和问卷法。而在实际的素材收集过程中，设计师可以采用"三位一体"的模式进行收集，确保素材具备条理，其中横向收集方法就是对各个地区同一时期的银器造型素材予以收集，而纵向收集方法则是针对相同地区不同时期的银器造影素材进行收集。深度收集的变量是品种，在实际的素材收集过程中，设计师可以根据自己的实际需求决定收集素材的范围，可以是各种银器造型，也可以是其他工艺品的造型素材。

2.造型素材的交叉应用

在完成素材收集后，设计师可以根据自己的设计思路选择有效的素材进行整合。进行造型设计时，可以将设计方法分为嫁接、抽象、夸张、融合等。其中，嫁接方法是指把几种不同的造型元素相结合，设计出新的造型。嫁接设计的方法可以很好地保留原素材的造型特征，常常会应用在具备简练造型语言的产品之中。抽象设计方法是指对真实客观事物形态予以简化或抽离的一种表达形式，一般会采用线条、色彩、形态等多种手法来表达其美感。在抽象设计的过程中，常常会因为过度的风格化导致其具备一定的理解难度，很多时候难以从绘画内容中看出其明确的艺术主题。抽象的设计方法一般会应用在造型相对复杂的银器产品中，在这种设计方案下，不会通过具象的方式来表达产品的设计主题，但是消费者可以根据自己的想象力去感受产品抽象形态中所蕴含的信息。夸张设计方法是对原有素材造型予以夸大或缩小的设计，这种夸张的设计方法能够扩大消费者的视觉冲击力。夸张的设计方法能够将素材特点以及个性通过虚构夸大的方式予以呈现，给人们带来新奇的体验。融合设计则是围绕新产品的特点，将原本素材的具象或抽象元素予以改变，并将各类元素相融合，达到和谐的状态，这也与产品语义学中的隐喻有着相似之处。

3. 打金工艺的交叉应用

打金工艺是指金银器的制作工艺，而对打金工艺的交叉应用，主要是指产品制作过程中，国内外在相同制作环节所使用的各种不同技术的交叉应用，以及对各种不同金属材质的相同产品的制作工艺的交叉应用。我国的打金工艺和西方国家的打金工艺就存在着很大的差异，如银器制作，欧洲地区有着十分悠久的银器制作历史，但是在对银器进行雕刻的过程中，其制作手法就与我国雕刻方法有很大的不同。我国主要使用錾刻手法，而欧洲国家主要使用推刻手法，錾刻主要是通过小锤打击刻刀的方法进行雕刻，而推刻主要是通过推刀的方法进行雕刻。使用錾刻方法能够刻画出更具立体性的图案，而推刻则更适合进行平面图案的雕刻，将这两种雕刻方式相融合，就可以刻画出更加精致和丰富的图案。除此之外，不同金属材质的制作工艺也存在很大差异，其中，熔点的差异就是工艺制作不同的主要原因。一般情况下，不同种类的金属制作工艺无法直接进行照搬，但如果是多种金属的制作就需要融合各类工艺进行。打金工艺的交叉应用都是针对各种不同材料组合生产的产品制作，这就需要手工艺制作者同时掌握多种不同的打金工艺，灵活应用各类材料，敢于尝试和创新。打金工艺的交叉应用对于传统银器的创新和传承有着重要意义，也是研发新工艺和新技术的重要途径。

四、传统铜艺工艺

（一）铜艺的工艺独特性

铜艺从起源开始就与人们的生活有着密切的关系，具有其独特的社会功能。作为造物的工艺，不论是作为艺术还是产品，它都是文化的产物，具有其独特的文化品质。铜艺的发展包含着物质文化和精神文化的精华，既具有生活实用特征，又具有文化精神特征。它不仅体现了长久以来造物的文明，也在不断积淀着不朽的精神文化。铜艺的独特性在于其长久以来积淀的独特工艺魅力与民族审美文化的精髓；在于铜材质特殊的物理性能、文化特质、人文情怀以及审美品质；在于手工制作带来的个性化与实践精神，使产品具有浓烈的感染力与人文气息；在于传统造物的观念，通过精湛的工艺与匠心激发人们的情感与思想，提高人们的审美意识与生活品质，唤起人们对生活的热爱。

当代文创产品的应用方法可基于铜艺的独特性与传承性，挖掘铜艺的当代传承价值，结合工业设计、文创产品设计等途径，运用现代设计手法让铜艺回归到百姓的日常生活当中，提高铜艺的当代价值。创新过程中要符合当代消费者的生活习惯与审美需求，充分利用工艺的独特性，既要做到传承其工艺文化基础，也要做到当代文化的提升与变化。

以其多元的表现形式来展现其在经济、美学、文化上的价值,以其丰富的视觉文化形态来反映文化的内涵。铜艺因其独特的审美方式渗透在工艺与设计领域,以及人们生活的各个方面,并在现代社会与文化氛围中引领着传统工艺与现代设计的融合。在我国注重文化发展与工艺保护传承的大环境下,铜艺以其工艺与文化的独特性受到良好的政治环境、文化与消费需求、经济及技术的共同推动,从而促进其与文化创意产业的融合,并在现代化进程中创新传承,绽放光彩。

1. 独特的文化与产业基础

铜艺基于悠久的铜文化积淀,蕴含着民族历史审美文化,传承着精湛的工艺和认知与传承的丰富经验,促进着现代工艺的创新与发展,具有其特有的文化意味与人文价值,拥有与文化创意产业共同的文化基础。铜艺与文化创意产业都因其文化属性致力于保护和利用现有文化资源发掘潜在的文化价值。文化创意产业的灵魂是文化与创意,而文化创意的发展取决于文化的传承和发掘。文化创意产业与工艺一样,除了需要在工艺与技术上有新的突破外,还需要在文化塑造方面具有文化底蕴与新的亮点。无论是铜艺与其文化的传承创新,还是满足现代人的文化审美与消费需求,基于文化基础与大众诉求,塑造新的产品方向与提供新的发展思路,都已成为铜艺与文化创意产业结合与共同发展的良好基础。

2. 政策扶持与技术创新的驱动

铜艺始终在不断跟随着社会的发展进程,不断革新并满足着人们生活与生产的需求,其独特性在社会现代化进程中不断发展才更加有意义。在某种程度上来说,工艺是实现传统文化在现代化发展的渠道和载体,其价值所在,正是在不断积淀的过程中蕴藏着的工艺与文化价值。在当代大环境下,铜艺的独特性需要在现代化的趋势下不断摸索和发展。值得欣喜的是,中央及国家有关部门相继制定、出台了许多相关政策措施来保护传统文化、鼓励传承传统文化,以更好地推动传统文化及工艺的传承发展。使铜艺独特的工艺与文化有机会始终建立在中国深厚的传统文化与现代化生活需求的基础之上,不断拓展发展空间,并不断满足现代消费者日益增长的美好生活的需要。

铜艺在现代设计中的发展,除了独特的文化基础与政策的扶持,现代大工业环境下的技术创新也为铜艺与文化创意产业的融合起到了推进作用。随着科技与技术的进步,铜艺的相关技术也在不断进步,如焊接与研磨技术的进步为铜艺产品造型与装饰产生新的效果,同时为工艺制作提高了效率;现代激光技术可以实现金属板材的切割与镂空效果;数控雕刻技术的发展为工艺产品实现批量化生产提供了可能;原材料铜板合金配比的革新为工艺实现提供了更为坚实的基础;焊接材料和相关技术的提高,都为工艺提供了更加广阔的发展空间。纵观当代的设计发展,工艺美术的发展一直随着技术创新、生产方式的改变和创新而不断地发展。结合现代化的科学技术，并将其作为促进铜艺发展的条件，技术的进步为铜艺与文化产业融合提供了更多的可能。

3. 消费者与需求的驱动

随着广大消费者的自身修养持续提高，需求也逐渐从物质层面转变到精神文化层面，消费者更加注重文化特征和美学的体现，如图 7-4 所示。消费者需求层面的转变进一步促进了铜艺与文化创意产业的融合。基于悠久的铜文化及工艺发展历史，铜艺形成了其独特的铜文化，而文化与创意又依附于产品表现出来，铜艺与文化创意产业融合使文化以产品的形式走进大众生活的视野，可以有效地满足消费者不断增长的精神文化层面的需求。同时，也正是消费者对文化层面消费的需要，促进了铜艺及文化创意产业的发展。

近年来，经济的快速发展使消费者的生活水平不断提高，人们的消费观念也随之改变，技术的不断创新也在引领着消费群体生活方式的转变。基于以上因素，消费者对具有文化意味、多元化的文化创意产品的需求不断提高。另外，消费者越加注重生活品质，除了文化艺术品，同时也追求生活用品的品质化与精神化的体现。文化与创意为铜产品注入了灵魂、开辟了市场。人们不断提升的消费需求是铜艺与文化创意产业发展的不竭动力。

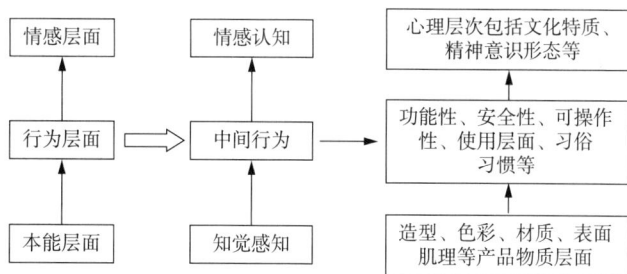

图 7-4　消费者需求层级分析

（二）传统与现代的融合

传统工艺有史以来的发展与积淀，形成了其特有的文化底蕴，其蕴含的文化精神、艺术价值及精湛的工艺技术，为现代铜艺在文化创意产品的设计提供了文化与技术基础。但传统的铜制品艺术也有其局限性：工艺复杂、产量低及经济效益低等。因此，要传承铜艺，就必须勇于创新。传统工艺由工艺者手工技法与情感呈现，内含个体的思想和情感、艺术理念和审美品位，现代设计则是在大工业背景下成长起来的，服务于大众，具有明显的时代特征，符合当代社会的审美需求。传统工艺的发展不可停滞不前，而要随着社会发展逐步推动。当下对铜艺的传承与创新有必要适应现代化的发展，将传统铜艺特有的文化、材料特性、工艺技法与现代的生活方式与文化相结合，拓展传统工艺的内涵与外延，用文化与现代设计方法引导发展，打造新的设计理念，以满足当代大众的审美需求。传统铜艺与现代文化创意产品设计具有互补性，相辅相成，正是两者的互相借鉴与结合开辟出铜艺的可持续发展之路。

铜艺源于日常生活，始终具有艺术性和实用性。在社会经济文化快速发展的当代社会环境下，如果传统工艺维持原有的材料、造型审美、工艺技法，将会跟不上社会更迭的需求与审美意识的变化。因此，铜艺在现代文创产品设计中的应用需要深入研究和积极探索，以使铜艺能够融入现代生活并符合现代消费者的生活品质和审美特征的需求。

中国工艺史籍《考工记》中提出，"天时、地气、材美、工巧"的造物艺术原则，认为好的产品是最佳时机、本土可得性、丰富材料和熟练手工艺的结合。日本民艺运动之父柳宗悦曾说："器物因被使用而美，美则惹人喜爱，人因喜爱而更频繁使用。"诺曼指出，可用性、实用性和美学是成功设计的三个基本要素，将传统工艺的文化元素、材料特性、工艺技法进行分析运用在现代设计当中，拓展传统工艺在设计中的应用方法及领域，使之渗入大众生活之中，使现代文创产品更具文化特征，以此推动铜艺的发展。对铜艺在文化创意产品中的应用方法可以从以下三个方面来进行拓展研究：

1. 形态与色彩的创新设计

铜艺所传承的不仅仅是工艺上的技法，还有历代工艺制品所表现的造型与纹样。铜制品传承下来的造型与纹样记录了不同时代的文化及审美取向的变迁。当代铜艺制品的造型多以美观性与实用性为前提，如日常用具杯、盘、壶、碗等，造型多样但以实用性为主；装饰品类的铜制品则以美观性作为造型设计的主线。设计中应用的图案纹样主要有三大类题材：植物花卉类、动物人物类以及神话故事类，除此之外，还有一些传统的吉祥纹样、佛教纹样、现代抽象设计等题材。

产品的形态、造型作为外在表现，是信息的载体。现有的铜艺产品在形态造型上含有更多的个人思想情感、艺术理念和审美品位，多造型复杂、个性强烈。铜艺在文创产品中进行设计时可以选择象征性的符号，吸取其文化的精神内涵，并将其进行二次加工，变形再设计。如对文化元素进行简化、抽象、变形和重组，形成新的设计元素，再与产品造型融为一体，通过产品形态表达语意，形态语意正是文化情感物质化、造型语言形象化的体现。另外，也可以运用图案纹样进行辅助设计，运用纹样时不仅要与产品造型、材料、规格等元素相呼应，也要与产品创意的文化内涵相融洽。图案纹样除了其审美意象，更多地包含着深层次的文化理念、人文风俗和民族精神。在设计中，无论是产品的工艺造型还是纹样的运用，都要体现文化特征。铜艺在现代文创产品中的设计不仅要汲取传统文化的精髓，更要符合时代创新的审美趋向。

产品的表面处理、色彩搭配是对产品外观形态进行再设计的过程，具有视觉表达的功能，依附于产品形态及材料。很多时候，产品色彩的情感表达与文化有关。作为视觉符号，色彩具有一定的象征性，其象征意义是基于文化的，因不同文化习俗、观念的影响，不同的配色可以传达出不同的语意，对表达产品的审美、价值及文化情感具有重要的作用。铜材料拥有良好的物理特性及良好的着色基础，如图 7-5 所示，铜艺在文创产品中的设计应用，以产品色彩的情感表达与象征性意义作为出发点去设计，这样可以更加充分地表达产品的文化特征。

图 7-5　铜材料不同表面着色效果

2. 功能与材料的拓展研究

铜制产品最初的功能常为生活用器、礼器及兵器。近年来，铜材料在工业、建筑业、家居等行业都有涉足，多以工业配件、家具配件、浮雕、雕塑、艺术品等形式呈现。体现了其物理特性、装饰性、艺术性的功能。对铜艺在文化创意产业中的应用可以充分拓展其应用场景，根据铜艺的材料特性以及文化价值应用于日常家居产品、文创产品等领域。重视铜艺生活化的应用与开发，将现代生活方式、审美时尚与工艺传统相结合，而不单单是展现其艺术性功能，要让铜艺再次走进当代百姓家。

铜材料除具有一定的延展性等物理特性与实用功能外，在视觉、触觉、知觉等感受层次也能与人产生深刻的联系，其天然的材质美和光泽感使其富有鲜明的感染力及独特的文化审美特征。材料的感觉特性与文化特性除了与其固有的属性有关，同时也与成型加工工艺、表面处理工艺有关，运用不同的加工方法、结合不同的材质与工艺技巧则会出现不同的效果，从而产生不同的感觉与文化特性，如图 7-6 所示。不同的材质可以呈现出不同的特质，带给使用者别样的感受。例如，黄铜与木材搭配给人质朴、自然的感受；铜与皮革搭配则给人温暖、自由的感受；铜与大理石搭配会表现出精致、沉稳的感觉。铜艺在文创产品中的设计，可以从文化与感性的角度出发，基于材质的物理性能，将材质的感受因素与文化特色相结合进行创新设计。可以尝试与不同的材料进行结合，将工艺、材质以及文化有机地结合起来，既可以传达特有的文化气息，又具有现代特色。

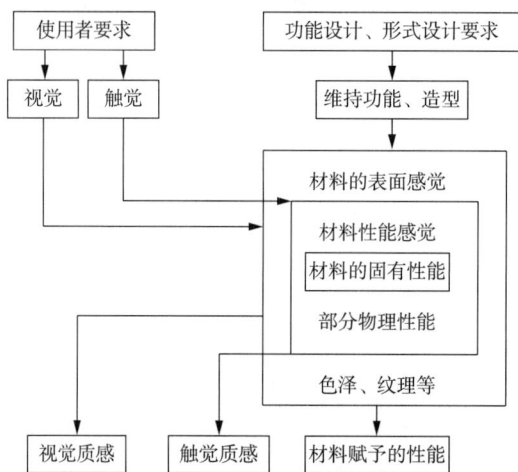

图 7-6　材料与产品的匹配关系

3. 工艺手法的突破创新

铜艺由于工艺繁复，难以与现代设计融合。然而，我们可以通过对传统工艺进行解构与再设计，也就是说，将一套完整的铜工艺流程解构成若干部分，再选用其中的某一项工艺程序进行延展再设计。如将錾刻工艺解构出来，结合材料与文化元素进行再设计。通过对工艺进行解构再设计的案例，如杭州品物流形设计工作室将余杭油纸伞传统工艺的上百道工艺进行分解，试图找到新的切入点做当代设计。以解构的设计方法从一把油纸伞衍生出灯具、收纳器、坐具等产品。利用余杭油纸伞传统工艺中"糊纸"这一工艺流程，完成了对纸伞的重新设计，材料、制作工艺都完美体现了油纸伞传统手工艺的精髓，使传统手工艺获得了新生，重新散发出一种现代朴素的美感，如图 7-7 所示。

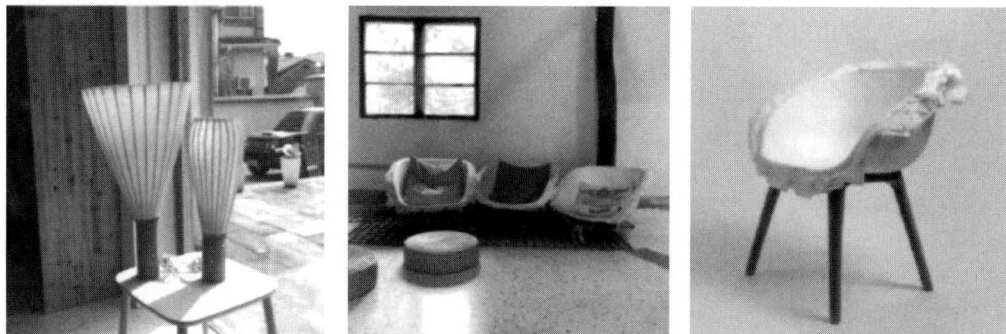

图 7-7　品物流形工作室解构再设计案例

铜艺在文创产品中的设计亦可以通过结构设计手法，简化传统铜艺的制作手段，应用现代化的技术手段或结合其他工艺手段来辅助设计。如铜的着色工艺可以利用现代热着色技术、电镀技术、烤漆技术等；也可以结合现代激光雕刻技术、腐蚀技术进行辅助设计。铜艺作为一个已有悠久历史的器物，在我们的刻板印象里出现的时候好像总是单一的，可以结合现代工艺及设计手法赋予铜艺新的活力。

4. 铜艺在文创产品中应用的技术可行性

针对铜艺在文创产品中的设计应用，对研究中涉及的内容范围进行技术可行性分析。基于对市场现有铜艺相关主流产品、用户群需求特点、相关工艺技术三方面进行调查研究，技术可行性分析主要从材料基础、社会经济、文化意义、市场可行性、工艺技术可行性几个方面进行分析论述。

（1）材料基础

基于铜材料良好的延展性、可塑性，在造型、形态、色彩中的设计空间很大，既能制成铜丝，又能压成铜板并进行丰富的表面处理。且因其丰富的色彩与材料低调、怀旧舒适的特质，可与很多材质融合搭配产生不同的艺术效果，可探索其应用的更多可能性，以满足用户的多元审美需求。

（2）社会经济、文化意义

现阶段我国文化消费逐渐升级，文化消费潜力被进一步激发，但文化消费方面，群众的消费能力与产品供给质量并不能匹配。文创产品是典型的产品供给引领大众消费的模式，而不是刚需性消费。因此，更需要通过具有文化底蕴、高质量、多元化的供给引领驱动群众消费，以此促进经济、文化的提升。

（3）市场可行性

在现代科技、市场、商业、技术的多方面硬核包裹中，当代群众因经济文化的发展开始关注传统文化、传统工艺，对美学、品质、人文情怀这样的软性内核给予了多方关注，并产生文化产品的多层次需求。市场现有相关产品在文化资源创意开发、用工艺技法提升产品方面，创新还有巨大的提升空间。

（4）工艺技术可行性

铜艺在文创产品中的设计可应用多种工艺手法，大致有四种基本工艺：铸铜工艺、锻铜工艺、錾刻工艺与现代加工技术。前三种工艺都具有一定成熟的技术路线，现代技术的发展更为前三种工艺在现代产品中的设计提供了更大的技术支持，增大了产品生产力度与实现可能性，还可节约成本、实现批量生产。根据产品的不同造型与设计的需要，选择更为恰当的工艺手法，将铜艺与现代文化审美、现代工艺制造相结合，可实现实用性、艺术性、文化性的统一。

第八章　文创产品营销策划

第一节　文创产品的整合营销

一、整合营销的概念

（一）整合营销传播的内涵

整合营销传播理论是对传统的 4P（产品、价格、渠道、促销）理论的继承与创新，其核心内涵是 4C（消费者、成本、便利性、沟通）理论。4P 理论自 20 世纪 50 年代诞生以来，对市场营销理论和实践产生了深刻的影响，被营销管理者奉为理论中的经典。然而，随着信息技术的迅速发展和市场竞争日趋激烈，出现了网络营销、电话营销、营销传播等营销工具，4P 理论越来越受到挑战。1990 年，美国学者劳特朋教授提出了与传统营销 4P 相对应的整合营销的 4C 理论，它是对 4P 理论的扬弃。4C 就是 4 忘掉，4 考虑。忘掉产品，考虑消费者的需要和欲求；忘掉定价，考虑消费者为满足其需求愿意付出多少；忘掉渠道，考虑如何让消费者方便；忘掉促销，考虑如何同消费者进行双向沟通。其内涵有以下四个方面：

第一个 C 是消费者的需求与欲望（Consumer needs and wants）。要求企业的产品策略必须从消费者的需求与欲望出发，而不是从企业的研究与开发部门出发。要研究消费者的需求和欲望，调查消费者的内心世界，充分与消费者进行沟通，领会消费者的真正意图，生产和销售那些顾客想购买的产品，绝不能闭门造车，认为自己能生产什么就生产什么。

第二个 C 是研究消费者愿意付出的成本（Cost）。不必过分考虑定价策略，或暂时忘掉定价策略，应考虑消费者为得到满意产品愿意付出的"成本"。它不仅包括金钱的支出，还有时间的耗费、购买的距离、购买过程的繁简等因素，这些都影响消费者的购买意愿。

第三个 C 是购买商品的便利（Convenience）。不要过分考虑分销策略，而应该考虑如何方便消费者的购买，它的基础是必须了解各种不同类型的消费者比较偏好的购买形式。根据消费者购买方式的偏好给消费者提供最好的服务、最大的方便。这些方便包括方便顾客挑选、方便购买、停车便利、创造舒适的环境、消除各种干扰等方面。

第四个 C 是沟通（Communication）。暂不考虑促销，而应当考虑怎样沟通，即由沟通代替促销。要考虑如何将任何与企业、市场、营销有联系的信息，通过恰当的途径传递给消费者和潜在的消费者。而且这是一种统一的、整合的、以消费者为导向的传播与沟通。

（二）整合营销传播的特点

整合营销传播作为一种传播方法，归纳起来，主要有以下特点：

1. 以现有及潜在消费者为中心，重在与传播对象的沟通

与以往的传统营销理论只重视产品的生产相比，整合营销传播更关注的是与消费者的沟通。企业通过对消费者已有的信息或经验领域的了解，对症下药，让消费者了解并接收信息，实现与消费者的沟通。这种沟通是双向互动而不是单向灌输，企业必须了解消费者，并且用合适的方式包括广告、公关、促销、直效营销、零售店广告、店员的待客之道、体态语言、售后服务等，在每一个环节上都与消费者沟通。

2. "接触点"传播与"同一种声音"的传播

"接触点"是指凡是能将品牌产品类别和任何有价值的市场信息传递给消费者或潜在消费者的"过程和经验"。这些"过程和经验"不仅包括大众媒介接触，还包括企业生产经营和管理的全过程中每一个能够接触消费者的方式。通过经年累月的努力，在消费者心目中树立牢固地树立企业品牌形象。

"同一种声音"传播主要是指采取同一种声音、同一做法、同一概念传播，传播的内容是一致的。受众接触到的产品和服务的信息都是清晰的、统一的，而不是单一的、片段的、凌乱的，甚至是矛盾的。各种传播工具所发出的声音，最后都指向相同的内容，是同一种声音。由此，在密集的相互干扰的资讯环境中可以有所突破，形成关注热点，产生最大化的影响。

3. 关系营销和品牌关系

关系营销是指企业最大限度地反映各种利害关系者的意向与愿望，同时又要确保利害关系者对企业活动情况有充分必要的认识和了解，从而有意识地建立并长期维持好与各利害关系间的良好关系。为此，企业必须向他们长期提供丰富且真实的信息，必须扩

大传播的数量，增加传播的密度，提高传播的质量，确保利害关系者能随时获取任何企业真实可信、一直持续的信息。

品牌关系是指企业在营销过程中通过各种手段，使产品的价值长期存在于消费者的心中，促使消费者购买行为的产生。整合营销传播最终的目的是建立品牌关系，完成品牌资产的积累。这意味着，从消费者首次接触品牌到品牌不能再为其服务为止，企业都必须整合运用各种传播手段，维系他们之间的关系，为消费者提供长期的利益。

4. 整合多种传播方式

接触点传播大大增加了传播的机会，但是，这些接触点上的传播机会必须以统一的口径提供给消费者一致的信息。而人际传播的效果是信息传递中比较难以控制的，所以必须强调对可控制信息的传播，即通过各种媒体或非媒体传播的信息。通常而言，在整合营销传播推广过程中，运用的传播方式包括新闻传播、事件营销、体验营销、关系营销、广告、公共关系、手机互动行销、直效行销、纪念品和授权产品营销等。这些工具运用的准则是以最合适的工具完成最合适的任务，形成一个相互渗透的共赢局面，力求达到最佳的性价比和最大的传播效果。整合营销传播应当做到使不同的传播手段在不同的阶段发挥最大的作用。

（三）整合营销传播（IMC）的模式

与传统的广告策划模式和营销模式将公司的目标定位于营业额和目标利润额不同，整合营销传播模式的出发点和终点目标都是消费者和潜在消费者。这是一种本质性的变革。目前，整合营销传播已经从理论认识层次迈入实践操作阶段。但是在实践中，如何整合各项传播活动，如何有效地识别目标群体的需求和他们的信息接触点，以及如何解决组织对营销传播活动整合的问题又成为理论和实践研究的新课题。实际上，IMC 与传统的营销管理理论是相互融合、相互依存的；它不是对传统营销的取代，而是对企业营销实践活动的一种全新的整合方式，其实施离不开传统管理活动的支持。对于 IMC 实施的框架或流程，目前还没有通用的实施范例，其原因主要源于不同的行业、企业实施IMC 的方式必然有所不同。舒尔茨提出了一个整合营销策划模式，他认为，整合营销传播模式主要是针对目前顾客进行双向的、互动的和有效的沟通，通过一个综合计划评估不同的传播手段的战略角色，实现附加值，从而传播商品、服务或品牌清晰、一致的形象，并产生最大化的影响。

二、文创产品整合营销策略

随着以"个性化""定制化"等为代表的"消费升级"概念的普及，文创产品市场正在形成且逐渐壮大，具有品牌个性的产品更受欢迎，优质产品市场潜力正在释放。

（一）品牌建设

当下文创团队面临的问题大多是规模小、成本高，导致其难以生存，并且缺乏品牌建设的经验，甚至找不准自身定位。平台根据各加盟团队的品牌风格等特质进行市场调查分析，确定品牌定位，为品牌构思品牌故事以加深大众对品牌的印象。品牌个性是市场的核心竞争力，在感性消费的时代，文创品牌是否有鲜明的品牌个性，是营销成败的关键，也是文创品牌能否立足市场的重要因素。本平台目前已成功以"街头涂鸦"为核心文化建立了小清新风格的 FREESONG 文创品牌及其品牌故事；以"街头风和重金属"为核心文化建立了摇滚风格的 ZATA 文创品牌及其品牌故事。将品牌文化与品牌个性展现给消费者，使消费者对品牌系列产品有了更深层次的认识和了解，成功树立了品牌形象。

（二）设计改良

文创产品的核心是文创个性化设计。而随着市场竞争加剧，产品更新换代的节奏越来越快，品牌要有足够的产品设计能力，不单是设计图案的多样化，更重要的是更新设计到推向市场的时间，也就是尽可能地提高对顾客需求的响应程度。因此，本项目在营销前期利用淘宝店铺试水，根据得到的市场数据对市场需求变化进行快速分析。与此同时，开发文创产品校园市场，将产品免费提供给在校大学生试用，获得体验者的反馈。根据调查和反馈，本平台基于加盟的大量创客一同进行设计改良，使产品更加贴合目标用户群的需求，力求在更短的时间内将更优的产品推出市场。

（三）营销推广

由于文创行业目前依然属于小众化市场，网络广告等传统的覆盖型营销方式性价比较低，而自媒体、短视频等精准营销方式更加适合。

1. 网红营销

近年来，随着一大批网络红人的出现，围绕网红生发的商业链条和盈利模式也浮出水面，并被称为"网红经济"。平台紧抓这一潮流趋势，邀请社会和校园里有一定知名度的人士，如校园男神、项目女神、社会上有一定粉丝群体的红人，来到项目平台或使用品牌产品，或亲自参与产品图案的设计，或进行直播，进而达到宣传平台和品牌的效果。参与的嘉宾可以得到项目平台的特殊奖励，如品牌推出的新品可免费送给网红嘉宾作为奖励。

2. 社群营销

社群营销是基于相同或相似的兴趣爱好，通过某种载体聚集人气，通过产品或服务满足群体需求而产生的商业形态，非常适合文创品牌的推广。因此，平台通过集聚对文创产品有浓烈兴趣的目标群体，挖掘追求个性化、热爱文创的潜在消费者，进而实现营销人群的精准定位。平台前期重点在各大社区聚集爱好文创的网友，这部分人中有对文创设计具备较深认识的文创设计师，也有单纯热爱个性文创产品的消费者。目前，平台已联系到 300 余名文创手绘设计者，共征集 257 份文创设计，单个平台粉丝量过万。同时，平台也会在微信公众号上面持续更新产品与设计的最新动态，不断与用户进行互动，通过社群运营打造粉丝集群，并吸引更多的文创团队入驻，一同为消费者提供优质时尚的文创产品。

（四）渠道建设

1. 充分利用人才优势完善营销体系

对文化创意产品市场营销渠道建设而言，需要有健全的营销体系做基础，渠道建设工作才有可能取得成效，真正形成合适的营销渠道，为文化创意产品进一步开拓市场打牢基础。在这个过程中，文化创意产业的技术及人才优势将是决定营销体系构建进度的重要因素。就文创产品市场营销的专业机构建设而言，大量的优秀人才是机构建设的基础。只有在大批优秀人才的支持下，才能在短时间内形成符合产业标准与需求的专业机构，对文创产品的市场营销进行专业指引和规划，以专业的服务推动市场营销渠道的合理建设。而从市场营销制度的角度来看，从事文化创意产业的优秀人才能够充分利用自身专业知识、技能和经验，借鉴其他行业营销机制，考虑文化创意产品特性，构建起符合文创产品营销需求的完善制度。

2. 拓展文化创意产品电商渠道

在互联网时代，电子商务的快速发展彻底改变了市场格局，文化创意产业应当充分意识到电商蕴含的巨大潜力，积极开拓电商渠道，利用互联网优势强化市场营销效果。一般而言，文化创意产品都可以通过电商平台进行网络销售。不过，由于文化创意产品本身在市场商品中只属于受众较小的一部分，其在已经成熟的电商平台上进行市场营销往往难以吸引消费者目光，无法和其他普通产品争夺电商平台推荐页面。针对这一问题，文创产品企业可以在自身条件允许的情况下，构建专门的网站进行网络自营，从而在电商平台获得消费者关注。不过对于大部分文创产品企业、组织、部门来说，他们并没有足够的人力财力来建设专门的自营网站，可以通过微信、微博等社交平台，利用其强大的信息传递功能进行市场营销。

3. 加强渠道客户管理，提供个性化服务

在市场精准营销模式下，必须要加强渠道客户管理，在维系原有客户的基础上进一步发展新客户。文化创意产品的市场营销大多为精准性营销，面向更加细分的市场，其受众客户也是对相应文化感兴趣的人群，数量较为有限。针对这部分核心客户，必须要加强管理，维系好与客户之间的关系，让核心客户始终能成为文创产品市场的主力消费人群。为了实现这一点，可以结合文创产品特色，为客户提供个性化服务，长期而有效地吸引客户。在此基础上，再结合潜在客户对文创产品的需求与期望，制定适合吸引潜在客户的个性化营销方式，推动潜在客户向核心客户的有效转换。

4. 降低价格，刺激消费

文创产品市场营销的关键在于在保持原有市场的同时不断开拓新市场，这是其市场营销渠道建设的基本原则。实际上，既有市场中基本上已经包含了大部分对产品具有较高兴趣的客户，而潜在客户则多为对产品兴趣较小的人群。对于潜在客户而言，物超所值或者物有所值才是刺激其进行消费的关键。因此，在进行文化创意产品市场营销渠道建设时，有必要做好市场调研工作，调查分析潜在客户对文创产品的期望价格。并在此基础上结合产品成本与潜在客户数量，增加销量，可以对现有产品价格进行适当调整。虽然这会在短时间内导致产品利润下滑甚至可能出现亏本情况，但在长期经营后所带来的市场经济价值却是难以预估的。不过必须注意的是，文化创意产品价格的降低必须要足够合理。如果降价过少，那么刺激消费的作用不够明显；如果降价过多，市场风险又过大。只有在准确的数据支持下，才能确定最佳的降价范围。因此，在建设文化创意产品市场营销渠道时，应当尽量运用大数据、云计算等先进技术，为营销渠道建设决策提供基础依据。

三、文创产品跨境整合营销

在国务院办公厅印发的《关于促进跨境电子商务健康快速发展的指导意见》等政策引导下，近几年我国跨境电子商务保持快速增长势头，年均增速超过30%。在"十三五"期间，更是将"继续优化跨境电子商务的服务支撑体系；加强跨境电子商务国际合作；提升我国跨境电子商务服务业的发展水平和国际竞争力"作为发展重点。

（一）项目背景（Amazon 平台）

亚马逊（Amazon）是世界最大的电子零售平台，调查数据显示，早在 2013 年亚马逊就拥有活跃用户数 2.6 亿，日均 IP 访问量为 4600 万，日均页面浏览（PV）访问量为 50000 万，具有巨大的消费潜力。2015 年，借助亚马逊全球开店项目，走向国际市场的中国卖家数量增长了 13 倍。如今，亚马逊已超越沃尔玛成为全球最大的零售商，这意味着我们可以充分利用这股"浪潮"把中国优质文创产品推向更广阔的海外市场。

（二）平台建设

目前项目已成功入驻亚马逊平台，于 2018 年 7 月建立亚马逊 MEZONE 店铺，上架商品包括自主品牌 ZATA 的中国风口罩、眼罩，以及与达成合作的女书工作室的女书折扇、手绢等多品类文创产品，不仅产品类目繁多，还彰显了中国的传统文化。

（三）站内营销

在过去的两年中，许多品牌将大部分广告投放转移到亚马逊。原因很简单：人们意识到，把广告投放在亚马逊——这个消费者接近做出购买决定的地方，比其他广告的效果更立竿见影。

亚马逊在 Amazon.com 上提供包括亚马逊营销服务（Amazon Marketing Services）和赞助产品（Sponsored Products）以及亚马逊营销团队（Amazon Marketing Group）和亚马逊广告平台（Amazon Advertising Platform）的广告机会。最近，由于使用亚马逊推广产品的几个品牌所获得的投资回报率相对较高，以上这些平台正受到越来越多的关注。

目前，项目组已经完成了亚马逊站内的广告投放工作，采用这种最直接有效的广告方式，将对本项目产品引流起到巨大推动作用。亚马逊平台提供的众多便利且有效的服务，将极大地有利于本项目的进一步发展。

（四）站外营销策略与实践

通过对站外营销平台的覆盖，了解并找到符合海外目标顾客喜好的优质中国文创产品，与中国文创爱好者无缝对接，并引流至销售平台，进行精准营销，实现销售、资讯同步管理，助力中国优秀文化的传播。

1.Facebook 社群营销

脸书（Facebook）是世界排名第一的照片分享站点，截至 2012 年 5 月，已有约 25

亿用户使用Facebook,是首选的海外引流平台之一。通过Facebook对文创产品进行软文营销推广,由产品故事及文化背景推及产品本身,并附上Amazon产品链接,以此引流。通过账号运营涨粉,聚集热爱中国文创产品的目标群体,挖掘喜好中国文创的潜在顾客,后期建立脸书小组(Facebook Group)并邀请粉丝加入,进一步实现精准营销。

Facebook相关视频也可以实现店铺知名度的提高。发布视频后,可在后台查看视频传播率、观看率等,并得到观看完整视频者的名单,后期可利用这部分受众做转化投放,或者获取更多类似受众。通过产品或服务满足受众需求而产生的商业形态,适合目前的产品推广阶段。

2. 新媒体营销

近年来,"网红经济"发展迅猛,短视频App迅速席卷大众市场,深受年轻人的喜爱与追捧。极光大数据显示,每100台活跃终端中,就有超过14台安装抖音App;用户每天在抖音上消耗的平均时长达到20.27分钟。据调查,海外留学生使用抖音者同样不在少数。

项目组紧抓市场潮流,邀请社会和校园"网红"做相关产品直播,提高产品关注度的同时,打响品牌知名度。受邀嘉宾可以获得相关产品的免费或优惠待遇。

另外,通过抖音在海外的使用与传播,由留学生带动其周边社交群体对文创产品的购买需求。另外,后期项目组将在YouTube等短视频App上发布产品相关视频,包括产品细节展示、场景植入、直播等,迎合当下年轻人喜好,开拓年轻市场,打响中国风文创产品的海内外知名度,并引流到Amazon等销售平台,以此提高销售额。

3. 微信社群营销

项目团队前期线下调研时期经外国友人同意获取其微信联系方式,后期运营利用该资源进行微信社群营销,收效显著。根据外国人对中国文化的了解和喜爱程度,确定与中国文化相关的话题,定期活跃群内气氛。通过微信社群营销,达到以下两点营销效果:

通过社群聊天,广泛了解外国友人对中国的喜爱偏好,制定切合的产品规划,并及时得到需求反馈。

通过外国友人在其社交圈中的推广,以点带面,积攒客户源,扩大社群规模,提高信赖度,增强团队的影响力,为后期产品销售打下坚实的基础。

第二节　文创产品的新媒体营销

一、新媒体时代营销传播的特征

（一）新媒体与新媒体营销传播

1. 什么是新媒体

新媒体拥有高度复杂的传播形式，它构建了一个全新的传播平台，在这个平台上，自我传播、人际传播、组织传播甚至大众传播都可以找到自己的位置。对于新媒体的特征，通常意义上人们所熟知的有及时性、开放性、便捷性、互动性、分众性、个性化、信息海量化、低成本等特征。陈刚将新媒体传播的特点概括性地总结为四点：

（1）复合型传播

即从传播形态上看，新媒体技术提供的新传播平台可以把传统意义上的各种类型的大众媒体综合起来，是一种高度融合的传播。

（2）全员性传播

即从传播者的角度看，由于传播成本和媒介使用门槛低，人人都可以成为新媒体传播的主体。

（3）无边界传播

即从传播空间上看，使用新媒体传播的信息是面向全球所有网络使用者的。

（4）固时化传播

即从传播时间上看，新媒体传播消除了传统媒体传播在信息组织方式上的时间性，信息都被稳定地收集在新媒体上，受众可以即时性地检索和观看想要了解的信息。

2. 什么是新媒体营销

为了适应不同的传播环境，企业需要利用一些传播手段来解决其在发展过程中所遇到的问题，这是企业进行营销传播的目的。但是，新媒体时代的到来改变了旧有的媒介环境、传播规律和传播形态，这使得过去大众传播阶段以广告为主的营销传播模式面临挑战。营销传播的信息过于分散化，新媒体传播、全员型传播的特征使传播主体变得复杂化，传播信息变得海量化，企业所传递的信息很容易被淹没，以致达不到预期的效果。在新的媒体环境中，企业近乎透明化，多元的信息对企业营销传播的效果冲击十分明显。因此，适应新的传播环境的营销传播模式应运而生。

对于新媒体营销传播的概念，陈刚作出了界定："新媒体营销传播就是以数字技术为基础的企业的传播管理。"数字技术的发展创造了新的传播环境，同时也为解决营销传播问题提供了新思路和新的可能性。通俗来讲，新媒体营销传播，就是指企业利用新媒体平台进行的新型营销方式，以微博、微信等新型媒体为传播渠道将企业相关产品的信息传递给消费者的一系列营销活动。

（二）新媒体时代营销传播的创新特征

1. 多元化、复合式的传播接触点

新媒体时代的营销传播必须依托新的传播平台。移动互联网技术和数字技术的高速发展带来了传播媒介和智能终端的多元化。计算机、手机、车载电视、户外显示屏等一切可以与互联网联通的端点，以及微博、微信、电子商务等多样化复合式的传播媒介，都可以成为企业进行品牌营销的传播接触点。这些传播接触点不仅简单地起到信息中介的作用，更重要的是可以成为一个把消费者、产品和企业沟通起来的超级连接者。多元化、复合式的传播接触点既可以最大程度地缩短企业了解受众需求的时间，也可以帮助企业根据不同的传播目标和渠道设计营销方案，提高营销传播的效率；同时企业进行营销传播的创新空间大大提升，多媒体、VR/AR、H5等新技术可以使企业创造更多吸引人的营销创意，提高营销传播的质量。

2. 精准化、一体化的服务方式

在新媒体技术打造的数字生活空间里，企业的角色也发生了根本的转变，逐渐转型成为生活服务者，成为消费者的"街坊邻居"。因此，在新时代，对于营销传播来讲，精准是企业成功开展营销活动的基础。企业传播的营销信息只有精准地匹配了适合的目标用户，针对具体消费人群提供精准化服务，才能更好地与消费者进行沟通，快速有效地创造更多营销价值。数字技术的快速发展带来了具有划时代意义的大数据技术。在营销传播中运用大数据技术，可以帮助企业对用户使用移动终端和媒介服务的行为进行数据总结和语义分析，精准定位目标受众并了解其个性特征、使用习惯和消费需求，描绘准确的用户画像，为目标受众提供个性化、精准化的产品和服务。美国著名学者舒尔茨的整合营销传播理论，强调传播渠道和传播内容的整合，即所谓的"线上整合"；在新媒体时代，大数据、定位、移动支付等技术的应用，使营销传播更多地实现了线上传播和线下服务的一体化整合。

3. 信任化、互动化的传播关系

在营销传播活动中，需要解决的关键问题就是要建立企业和消费者的信任关系。而建立信任关系的一个关键因素是双方要加强互动。过去，传统的营销传播主要是借助大众媒体来进行广告宣传，这种信息传递是单向的，企业和消费者之间无法进行即时有效的互动，企业制定相应的传播策略比较滞后。而在新媒体时代，互联网的每一个参与者都是一个信息实体，都可以自由地发送和接收信息，消费者和企业现实生活中空间的距离消失了，企业可以通过互联网充分地表达自己所希望的与社会和消费者进行沟通的内容，企业的声音可以直接传达给消费者。同时，企业还可以利用移动互联网，通过微博、微信等社交媒体平台收集消费者的反馈信息和建议，与消费者建立稳固的信任关系，使消费者对企业及其产品建立忠诚度。另外，消费者对企业忠诚度的建立，会使得作为信息接收者的消费者转化为品牌信息的传播者，消费者的传播活性被激发，他们会借助新媒体平台将产品信息主动传递给另外一些人群，形成一个又一个品牌传播的循环，形成对品牌有强大影响力的传播体系、传播网络，增加更多目标人群对品牌的认知和好感，企业信息传播的影响力被无限放大。因此，在新媒体时代古老的营销传播方式——口碑传播被提到了前所未有的高度，企业在日常营销活动中也更加重视激发和运用消费者之间口碑传播。

4. 多样化、独特化的传播内容

在新型营销传播中，除了传播渠道和传播关系发生显著变化，传播内容也随着媒介技术的升级呈现出新的特点。

首先，传播的信息内容类型大大增加。移动终端技术的发展，为营销传播的信息形式提供了更多的可能性。移动智能终端不仅可以传递文字、图片、视音频等视听觉信息，还可以传递诸如触觉、位置等特殊信息。企业可以根据信息的这些变化来制定相应的更新颖的营销策略。

其次，传播的信息呈现方式也越来越独特化。如一些语音搜索广告技术正在不断开发和推广；移动终端"摇一摇""现实增强"影像等功能越来越丰富，把这些技术运用到企业营销中，会提升用户的体验性。另外，新媒体时代企业进行营销传播时，传递的信息内容更加贴合消费者的需求，更加有趣、有看点，并且会及时地进行调整和完善。

二、新媒体营销的形式

新媒体营销是指利用新媒体平台进行营销的方式。在 Web 2.0 带来巨大革新的时代，营销方式也带来变革，沟通性（Communicate）、差异性（Variation）、创造性（Creativity）、关联性（Relation）、体验性（Experience）、互联网已经进入新媒体传播时代。并且出现了网络杂志、博客、微博、微信、TAG、SNS、RSS、WIKI 等新媒体。其中较为具有代表性的营销方式有以下两种形式。

（一）"IP" 营销

IP 是英文 Intellectual Property 的缩写，是指"知识财产"。包括音乐、文学和其他艺术作品、发现与发明，以及一切倾注了作者心智的语词、短语、符号和设计等被法律赋予独享权利的"知识财产"。

同时，IP 可以理解为是能够仅凭自身的自主传播，不受任何一个平台的束缚，能够在多个平台上获得流量，进行商业化变现的内容，是一种"潜在资产"。

IP 的特质之一就是必须具有优质内容，只要具备内容衍生、知名度和话题的品牌、产品乃至个人，都可以看作是一个 IP，而最多 IP 的产出还是来自内容端，诸如网综、影视、音乐、游戏、小说等。

IP 营销的商业逻辑就是，品牌捆绑 IP 进而实现人格化，通过持续产出优质内容来输出价值观，通过价值观来聚拢粉丝，粉丝认可了价值观，实现了身份认同和角色认可，然后就会信任其产品。同时，IP 营销也是具有话题性和传播性的，具有庞大的粉丝基础和市场，是一种可以产生裂变传播的新型营销方式，这种营销方式对于快消品企业来说，也有一定的参考作用。好的 IP 营销有两个本质意图：一是通过持续优质的内容生产能力建立 IP 势能；二是通过 IP 势能实现与用户更低成本、更精准、更快速的连接。产品是 IP 人格的载体，没有好的产品，即使有再强的人格背书也是不可持续的，终归到底，产品是信任建立的基础。在品牌寻找合作 IP 和平台时，首先要对自身品牌定位明确。

IP 营销的本质是让品牌与消费者之间架起沟通桥梁，赋予产品温度与人情味。要做好 IP 营销，首先，可能需要将虚拟或实际存在的产品拟人化，让品牌与消费者互动起来。其次，"IP" 原意是知识产权，IP 营销也需要在表达意义、呈现形式上具备原创性和独特性。最后，"IP" 的形象要通过长期持续的内容输出才能做到生动鲜活，才有可能发挥出最大价值。

（二）社群营销

社群营销是把一群具有共同爱好的人汇聚在一起，并通过感情以及社交平台联系在一起。品牌方把活跃度较高的忠实用户聚集起来，为企业的品牌推广、产品推广、公关事件等活动提供支持。做好社群营销，首先，建立社群需要有共同爱好的基础。其次，一个活跃的社群必然拥有加入原则、管理规范、交流平台、组成人员等完整的社群结构。再次，社群需要精心运营，让社群成员有仪式感、参与感、组织感和归属感，并不断输出高质量内容。最后，社群模式要可复制，这样才能拓展社群规模。概言之，社群营销就是将人们实际生活中的社区迁移到了虚拟的网络世界中，不同于现实世界中通过地理居所的位置属性进行社群捆绑，线上社群是将某些具有一定相同属性特征及相似兴趣爱好或偏好的消费者进行连接，以方便进行群体化沟通和交流的一种全新的网络化营销组合方式。社群营销主要通过连接、沟通等方式实现用户价值。简而言之，社群营销就是通过建立很多群，将目标客户吸引汇集到一起，持续提供客户所需的商品或服务，进而变现的一种营销模式。人的社会性与群体性，是社群营销的基础。从马斯洛的需求层次理论而言，社交和尊重需求是人类的高层次需求之一。而且，人在群体中容易发生"随大流"的"羊群效应"，从购物行为来看，人容易发生攀比消费和冲动购买的现象。尤其是当疫情发生后，线下实体的社交平台功能受到限制，必然倒逼线上社群交流时间的增加，社群营销转化率和直播带货变现率两个指数也必然上升。

三、目标客群定位

（一）目标客群定义

在整个产业链中，企业通过向下游的客户销售产品来获得利润和收入，以维持自己的产业链发展。大多数情况下，一个企业无法生产产业链中某一类别的全部产品种类，简单地说就是无法同时满足所有客户的需求。基于管理效率最优原则，需要将所有的资源、人力、资本投放在产出回报最大的地方，以获取最高的收益和产出效率，所以我们需要寻找相对应的目标客户群体。企业针对自身的能力向特定的客户提供有特定内涵的产品价值，这些特定的客户就是"目标客户群体"。

（二）寻找目标客群

改革开放以来，我国经济形势经历了长足的发展和更新迭代，为了不断匹配和满足市场化的进程及消费者多样化的需求，产业链也在不断优化。正是因为消费者的需求日益变化，很难再像之前一种产品应对所有消费者，根据市场细分领域的不同，每家企业都需要针对自己的特定消费群体即产品目标客群，进行定制化的产品服务。

如何确定目标客群是非常重要的一项工作，可以从两部分入手，第一是根据企业所生产的产品特点寻找对此类产品有特殊需求的用户群体，第二是从经济效益的角度寻找能够给企业带来较大销售利润和销售收入的客户。具体来说，通过对客户多维度画像的描绘来生动地展现客户群体的特征，其中较为主要的几个方面主要包括：客户的性别、年龄、职业、收入水平、爱好、消费习惯、地域分布以及愿意付出的购买金额等。根据这些因素和条件将客户进行细分。一般从消费属性和消费行为两个方面来定位目标人群。第一点是消费属性，主要包括人口特征：年龄、性别、种族、国籍、所在地；社会特征：

收入、职业、社会阶层、家庭特征、生活方式；个性特征：冲动、保守、积极、沉稳、热情、冷静等；文化特征：教育水平、宗教信仰、民族文化、亚文化、小众文化、爱好等。第二点是消费行为，主要包括角色：信息提供者、购买决策者、购买执行者、决策参与者、使用者、评价者；因素：使用时机、使用意图、使用频率、品牌黏性、用户体验等。

（三）分析客群需求

如果已经清楚地了解了本企业目标客群的基本画像，那么接下来非常重要的就是分析和了解客户的需求，并为客户提供相对应的服务和产品供应。需求分析的三大步骤如下：

第一步了解客户角色，简单地说就是回答"他是谁"的问题。其中需要了解和解决的是，他的家乡、长期居住的城市、接受教育的背景（是否有海外留学经历等）、他的工作即职业选择，经济状况等。同时，需要了解客户的性格特征和兴趣爱好，这些一个又一个的标签可以帮助我们更好地认识和了解一个陌生的客户。著名餐饮品牌海底捞火锅现在就会对到店就餐的每一位会员进行外貌特征、饮食喜好、特殊需求的登记，这不仅可以建立起海底捞自己的客户信息系统，还能帮助每一个服务人员更好地匹配用户喜好。

第二步是对消费场景的描述和定位，就是回答"在哪里买"的问题。这个消费行为发生的场景和地点，与这个行为本身肯定存在着一定的关联性。为什么要买、怎么买以及何时在哪里买，这些都是促成消费行为最终发生的重要因素。

第三步研究的是消费路径，即"如何买"的问题。这个过程中要考虑消费者的购买习惯、购物频次以及在这个购买的动作中他所获取的需求满足或心理优越感。因为有些商品除了满足使用价值，还会发挥很多心理作用。在这个购买行为中，消费者所希望得到的被重视、被关注、被满足的一系列需求，也同样是企业应该考虑给予的产品和服务。现代商业世界中，市场关系是不断变化的，只有以不变应万变才能获得动态的平衡，所以需要企业建立起有效的信息跟踪机制，及时追踪和反馈市场上的变化，同时积极地做出应对动作，及时地调整公司的营销策略，并适时推出针对性单品迎合客户需求。

四、文创产品的电商营销分析

当前，人民生活水平日益提升，科技发展进入新阶段。互联网用户规模之巨，以互联网为依托的5G、人工智能、大数据、区块链等技术的飞速发展，形成以微信、抖音、淘宝、微博等为代表的新媒体形式，在助推消费升级的同时，也在不断推进传统文化产业的变革，带来新型电子商务营销模式。

（一）电商营销的出现及特点

电商营销，即电子商务营销，广义地说，凡是以互联网为主要手段进行的、为达到一定营销目的的营销活动，都可称为网络营销。这就是说网络营销贯穿于企业开展网上经营的整个过程，从信息发布、信息收集，到开展以网上交易为主的电子商务阶段，网络营销一直都是一项重要的内容。而从"营销"的角度来说，网络营销是企业整体营销战略的一个组成部分，它是以互联网为基本手段，营造网上经营环境，为实现企业总体经营目标所进行的各种活动。电子商务是互联网爆炸式发展的直接产物，它使传统金融表现出一些新的特点，如支付更加便捷、交易成本更低、信息不对称程度降低、市场交易更有效率。

（二）新媒体下的文创产业

1. 文创产品的内涵和增长态势

"文创产品"即"文化创意产品"，运用其符号意义、人文精神、美学特征等方法对相关文化进行解构，再结合所设计产品，从两者中找到平衡点，通过文化解构和再创作，最后融合成一个新产品。据相关统计，2021 年全国规模以上文化及相关产业企业营收比上年增长 16.0%，两年平均增长 8.9%。分业态看，文化新业态特征较为明显的 16 个行业小类实现营业收入比上年增长 18.9%，高于全部规模以上文化及相关产业企业 11.6 个百分点（图 8-1）。文创产品的增长态势显而易见。

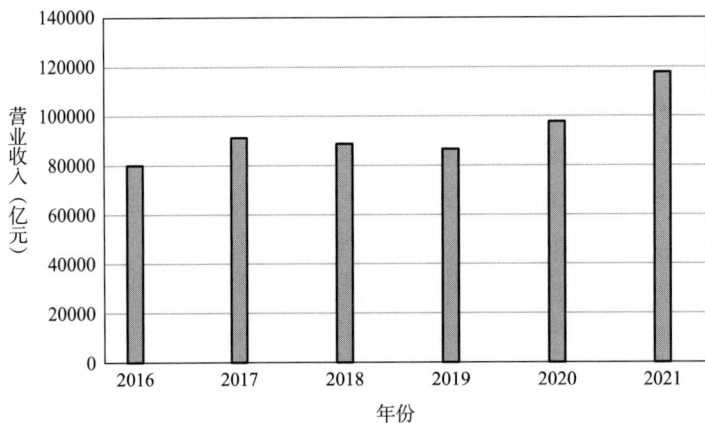

图 8-1　2016—2021 年全国规模以上文化及相关产业企业营收统计

2022 年北京冬奥会和冬残奥会期间，"冰墩墩"和"雪容融"跻身文创界"顶流"，一"墩"难求、一"融"难求的火爆场面令人印象深刻。"冰墩墩"和"雪容融"就是以中华传统文化的典型形象——大熊猫和红灯笼为原型衍生出的文创产品。随着冰墩墩和雪容融的文创产品的脱销，2022 年中国文创产业也迎来一个开门红。

2. 新媒体背景下发展文创产品的必要性

（1）新媒体助力新的文创产品消费增长点

近年来，文化消费增速加快，对文化及相关产业的贡献日益凸显，文化消费占文化及相关产业增加值的比重逐年增加；与此同时，文化消费虽占经济支出的比重逐年提升，但从结构上看，传统文化产品的供给比重较大，新兴文化产业消费还有待发展。

新媒体的发展壮大正是新兴文化产业和文化消费的技术载体，以人工智能（AI）、增强现实（AR）、虚拟现实（VR）、大数据、5G 为代表的先进技术，推进文化及相关产业全面激活，消费者们足不出户便可获得生动、逼真的文化体验及精准的文化推广。有利于实现生产数字化、传播网络化、消费个性化，赋能文化领域，加速新的文化消费增长。

（2）新媒体推进文创产业升级和创新

人才的发展创新是新发展理念之首，更是保证文创产业在经济高速化发展下实现可持续、高质量发展的核心。中研普华研究院报告统计分析显示：2015—2018 年中国文化产业园数量持续稳定增长，从 2506 个增长至 2599 个，其中由国家命名的文化创意产业各类相关基地、园区就已超过 350 个。国内文化创意产业园区迅猛发展印证着行业需求缺口，带动各地传统生产企业纷纷转型，加速产业升级和人才发展。

（3）新媒体促进传统文化的传播和传承

文创产品很多源于传统文化主题，设计为具有传统意义和市场价值的产品。而我国在文化转化方面以深厚的文化底蕴为支撑，将文化与时代潮流相结合，通过各大媒体平台发布宣传，开放网上销售渠道，拉近传统文化和普通人的距离，如故宫所推出的手账本、胶带、帆布包等产品，跨界与珠宝、美妆品牌合作……成为年轻人追捧的潮品。文创产品的流动赋予传统文化新的动能。

（三）新媒体背景下文创产品电商营销策略

与传统商务形式相比，电子商务有全球化、高效率、低成本、规范化、交易信息公开透明的特点。近年来，我国电商发展势头凶猛，传统线下企业纷纷转型发展电商，而想在竞争激烈的市场中脱颖而出，就必须适应网络营销的新局势。

1. 文创产品开发策略

（1）文创产品应积极运用"文创＋"，打造热门 IP

在创造、推广文创产品时，与其他文化联名合作可达到事半功倍的效果（图 8-2）。例如，故宫文创产品拥有知名度非常高的文化 IP——"故宫博物院"，作为一个超级大

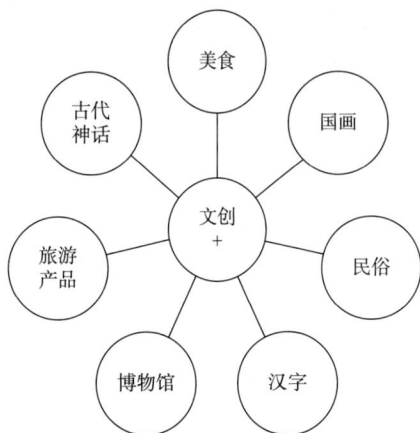

图 8-2 文创产品多元融合结构图

IP，有大量的故事可以挖掘，有利于软文营销的开展与传播，有利于后期传播，快速吸引消费者注意力，在营销后期可转化为很高的话题势能和消费势能。

再如，故宫文化联袂百雀羚，携手定制"燕来百宝奁"礼盒，将传统的东方发簪文化与国际高级珠宝进行跨界融合，发簪的打造采用最经典的"失蜡法"，铸上金属，再用"錾花法"雕刻出灵动的样子，东方文化与天马行空的当代理念碰撞出绚烂的火花。艺术与商品携手，打造联名品牌，通过艺术品牌将文化带进生活，既创新艺术的表现形式，也能使产品销售和文化传播双赢。北京大学艺术学院教授、北京大学文化产业研究院副院长向勇也指出，好的文创每天都在日常生活中传承文化，这是一种有温度的、可持续的传承方式，文创产品的设计应坚持"人文之心、艺术之眼、科技为体、商业为用"的理念。

（2）文创产品开发应强调以用户为本

大数据时代，可利用新媒体广泛收集用户反馈，及时筛选，从而设计出更加适合用户需求的产品。文创产品仅满足精神需求是不够的，更要贴近生活，如设计成服饰、食品、百货用品等能在日常生活中可为消费者使用的产品，这些文创产品对消费者来说可满足其物质需求，能让注重产品性能和实用性的消费者为其买单，实现销售增长。在文创产品定价方面，也要注重文创产品的亲民度，曲高和寡的产品自然不能为大众市场接受。

（3）文创产品设计应强化知识产权管理

"产权"是文创产品的核心内容和重要竞争优势。如故宫文创产品多为实用性生活用品，极容易被"盗版"，在淘宝平台上搜索"故宫文创"，会出现数以万计的相关产品，其中有不少未经授权的盗版产品，盗版产品质量堪忧且损害产品形象，不利于文创企业的长期发展。作为文创产业创作者，应认识自身是文化传播的承载者，需要创作者用心对待，结合产品自身特点，提供高质量原创内容，严禁剽窃他人知识产权。作为企业，应加强品牌管理，在产品和店铺上强化资质认证，厘清品牌授权，严厉打击盗版产品。

2. 文创产品营销策略

（1）文创电商企业应联合多媒体平台精准营销

灵活运用各类媒体平台，充分运用互联网平台做好文创产业的宣传工作。在网络时代，大多数网民通过互联网获取信息，因而要顺应这一趋势。大数据时代，文创企业可通过数字化手段对用户进行采集分析，洞察消费场景、消费者喜好，以及对客源的分析、基础数据、数据报告等进行营销；如故宫文创与淘宝人气主播进行合作实现营销，人气主播的影响力能有效提高产品知名度，带动消费者购买。还可根据不同媒体平台特征，精准投放宣传广告，如"小红书"是一个以年轻女性为主要用户的生活、购物分享社群，文创企业可投放时尚、趣味性强的产品广告。再如"抖音"，是一个以内容为主的短视频平台，企业可以建立官方账号，发布吸引消费者眼球的宣传视频或直播，增加品牌曝光率。

（2）文创电商企业应实现线上电商与线下实体融合并举

以故宫文创为例，除线上营销外，在故宫内还开设相关文创店，面向实地参访故宫的游客群体；在北京以外，也有故宫博物院授权的各地故宫文创馆，如福建厦门故宫文创馆等，在全国各地通过实体店铺的形式传播故宫传统文化，展销故宫文创产品；既有PC端店铺，又有移动端店铺，依托互联网电商平台带来的巨大流量，面向社会各界不同消费群体，多方位展示店铺产品特色，店铺实施差异化经营，共同塑造文创的整体形象。这种特色鲜明的文化展示、宣传、推介活动，带给人们真实的互动体验和文化冲击，从而吸引消费者关注和购买欲望。

（3）文创电商企业应加强自身网络品牌形象建设文创电商平台

要想不断加强消费者对文创产品的注意，就必须了解用户需求，不仅要创新产品，还要坚持创新传播方式和渠道，勇于发挥创意想法，不断将各种手段加以整合，形成一个有特色的文创产品品牌。开发自己的企业文化，从而建立消费者对产品背后品牌的偏好和忠诚。品牌不仅是知识产权的简写，更是承载其形象、表达故事和彰显情感的载体。它可使产品成为一种有温度的产品，品牌强大的向心力，对内可以凝聚企业，对外可吸引用户，提高消费者粘性，实现持续盈利。因此，加强品牌建设，是实现文创产业繁荣发展的重要手段。

参考文献

［1］李陶洁.非物质文化遗产的文创产品开发与设计［J］.艺术品鉴,2021(33):84-85.

［2］张佳翔.基于非物质文化遗产的文创产品开发研究［J］.今古文创,2021(13):73-74.

［3］周致欣,王欣雨.基于非物质文化遗产的文创产品开发策略分析［J］.工业工程设计,2020,2(5):80-84.

［4］索笑雯.非物质文化遗产文创产品开发及知识产权保护策略研究［J］.广州城市职业学院学报,2020,14(3):97-100.

［5］李昭宇.非物质文化遗产的文创产品开发与设计［J］.艺术品鉴,2020(9):90-91.

［6］陈露,王珍.连云港非物质文化遗产符号提取与地方文创产品开发［J］.文化创新比较研究,2019,3(34):182-183.

［7］曹贞贞.基于非物质文化遗产的文创产品开发与设计［J］.产业与科技论坛,2019,18(22):53-54.

［8］郭伟.浅议非物质文化遗产文创产品开发的策略与途径:以内蒙古为例［J］.明日风尚,2019(15):164,166.

［9］张晴,李云,李文举,等.融合深度特征和多核增强学习的显著目标检测［J］.中国图像图形学报,2019,24(7):1096-1105.

［10］莫军华,刘蓓蓓.基于怀旧表征的乡村文创产品包装设计［J］.包装工程,2018,39(12):42-46.

［11］张丹,王玉德,冯玮.一种基于小波特征贡献率的融合特征的检索算法［J］.激光杂志,2018,39(1):110-113.

［12］苗红,赵润博,黄鲁成.老年可穿戴技术融合演化特征研究［J］.情报杂志,2019,38(6):64-71.

［13］李培,牛智有,谭鹤群,等.鱼粉品质检测电子鼻传感器阵列的多特征数据融合优化［J］.农业工程学报,2019,35(12):313-320.

［14］侯媛媛,何儒汉,李敏,等.结合卷积神经网络多层特征融合和K-Means聚类的服装

图像检索方法［J］.计算机科学，2019，46(z1)：215-221.

［15］宗海燕，吴秦，王田辰，等.核协同表示下的多特征融合场景识别［J］.计算机科学与探索，2019，13(6)：1038-1048.

［16］罗微，孙丽萍.利用局部二值模式和方向梯度直方图融合特征对木材缺陷的支持向量机学习分类［J］.东北林业大学学报，2019(6)：70-73.

［17］葛水英，能纪涛，徐士彪，等.基于激光特征点的环幕多通道投影拼接融合［J］.系统仿真学报，2019，31(3)：549-555.

［18］陈晓蔓，贾伟，李书杰，等.融合全局和局部方向特征的掌纹识别方法［J］.图学学报，2019，40(4)：671-680.

［19］杨辰，刘婷婷，刘雷，等.融合语义和社交特征的电子文献资源推荐方法研究［J］.情报学报，2019，38(6)：632-640.

［20］邢晴，张锁平，李明兵，等.融合颜色特征和对比度特征的图像显著性检测［J］.半导体光电，2019，40(3)：433-437.

［21］卢晶，张晓林，陈利利，等.融合运动信息的三维视觉显著性算法研究［J］.计算机工程，2018，44(1)：238-246.

［22］王丹丹，陈清财，王晓龙，等.基于宏特征融合的文本分类［J］.中文信息学报，2017，31(2)：92-98.

［23］白中浩，王鹏辉，李智强.基于Stixel-world及特征融合的双目立体视觉行人检测［J］.仪器仪表学报，2017，38(11)：2822-2829.

［24］路娟.文创纸品设计研究——评《小型纸品设计1000例》［J］.中国造纸，2020(5)：93.

［25］向汤亮.基于文化再生产理论的东巴造纸手工艺产品创新探索［D］.昆明：云南艺术学院，2020.

［26］刘跃.因车结缘纸模艺术家的汽车梦——专访文创纸艺模型艺术家曹珉［J］.世界汽车，2019(7)：94.

［27］何晴.纸雕艺术在江汉关博物馆文创产品设计中的应用［D］.武汉：武汉纺织大学，2020.

［28］杨雪.浅析物联时代陶瓷包装容器的智能设计与"智"造［J］.明日风尚，2019(23).

［29］孟昭敏.异军突起的高技术陶瓷［J］.企业技术开发，2001(5).

［30］李莎.陶瓷文创产品的创新设计方法［J］.百科知识，2022(6).

［31］刘黎.基于贵州民间陶瓷审美特征的现代文创产品设计思考［J］.天工，2022(29).

［32］王双华.谈产品设计教学中陶瓷的应用［J］.陶瓷科学与艺术，2012(11).

［33］沈杰.陶瓷在现代工业设计中的应用价值探讨［J］.中国陶瓷,2022(1).

［34］高泽榕,李媛媛.陶瓷礼品的设计与发展趋势分析［J］.艺术家,2019(8).

［35］夏新花.陶瓷艺术在现代产品设计中的创新应用［J］.佛山陶瓷,2022(4).

［36］张贝贝,王爱红,贾璟.国潮文化与陶瓷文创产品设计研究［J］.丝网印刷,2022(5).

［37］徐乐,赵得成.西夏陶瓷经典纹样在文创产品中的应用——以牡丹纹为例［J］.西部皮革,2021(11).

［38］范周.数字经济变革中的文化产业创新与发展［J］.深圳大学学报:人文社会科学版,2020,37(1):50-56.

［39］唐小凤.西藏文创产业利用互联网+新模式实现激活的创新应用研究［J］.西藏科技,2020(7):26-31.

［40］李双双,杨娜.文化创意产品网络营销策略研究——以北京故宫博物院为例［J］.边疆经济与文化,2021(9):41-43.

［41］史灵歌,孙子惠.社交媒体时代故宫文创产品的网络营销分析［J］.牡丹江师范学院学报:哲学社会科学版,2018(6):18-25.

［42］张拓,黄佩思.故宫文创产品网络营销策略研究［J］.中国市场,2020(35):118-120.

［43］李双双,杨娜.文化创意产品网络营销策略研究——以北京故宫博物院为例［J］.边疆经济与文化,2021(9):41-43.

［44］江义火,袁晓建,吴昌钱.中小零售企业B2C跨境电商平台选择策略［J］.商业经济研究,2019(19).

［45］何瑛.外向型企业B2C跨境电商出口平台的对比和选择分析［J］.商场现代化,2017(24).

［46］赖元薇.全球品牌利用社交媒体内容营销提升品牌忠诚度的机制研究［D］.北京:对外经济贸易大学,2017.

［47］潘兴华,张鹏军,崔慧勇.新手学跨境电商从入门到精通速卖通亚马逊出口篇［M］.北京:中国铁道出版社,2016.

［48］翁群芬.民族文化产品的市场营销渠道建设策略［J］.商业经济研究,2016(10).

［49］薛正贵.福建文化创意产业市场营销策略研究［J］.技术与市场,2015,22(12):348-350.

［50］卢毅,田静.从湖南卫视看文化创意产品的营销之道［J］.重庆科技学院学报:社会科学版,2015(4).

［51］黄丽君.文化创意产业的社会化媒体营销模式研究［J］.改革与战略,2016(9):114-117.

［52］朱梦雪.基于游客视角下的博物馆文化创意产品开发与营销研究——以成都武侯祠博物馆为例［J］.企业导报,2015(19).